Kirche des Wortes

Ulrich H. J. Körtner

# Kirche des Wortes

Wirkungen und Wirksamkeit
des Evangeliums

EVANGELISCHE VERLAGSANSTALT
Leipzig

Ulrich H. J. Körtner, Dr. theol. habil., Dr. h.c. mult., Jahrgang 1957, ist seit 1992 Ordinarius für Systematische Theologie (reformiert) an der Evangelisch-Theologischen Fakultät der Universität Wien. Von 2001 bis 2022 war er auch Vorstand des Instituts für Ethik und Recht in der Medizin der Universität Wien.
Körtner bekam 2016 das Ehrenkreuz für Wissenschaft und Kunst I. Klasse der Republik Österreich verliehen und im selben Jahr von der Österreichischen Akademie der Wissenschaften den Wilhelm-Hartel-Preis für sein Gesamtwerk.

**Bibliographische Information der Deutschen Nationalbibliothek**
Die Deutsche Nationalbibliothek verzeichnet diese Publikation in der Deutschen Nationalbibliographie; detaillierte bibliographische Daten sind im Internet über http://dnb.dnb.de abrufbar.

© 2025 by Evangelische Verlagsanstalt GmbH · Leipzig
Printed in Germany

Das Werk einschließlich aller seiner Teile ist urheberrechtlich geschützt. Jede Verwertung außerhalb der Grenzen des Urheberrechtsgesetzes ist ohne Zustimmung des Verlags unzulässig und strafbar. Das gilt insbesondere für Vervielfältigungen, Übersetzungen, Mikroverfilmungen und die Einspeicherung und Verarbeitung in elektronischen Systemen.

Das Buch wurde auf alterungsbeständigem Papier gedruckt.

Cover: Mario Moths, Marl
Satz: ARW-Satz, Leipzig
Druck und Binden: BELTZ Grafische Betriebe GmbH, Bad Langensalza

ISBN 978-3-374-07757-1 // eISBN (PDF) 978-3-374-07758-8
www.eva-leipzig.de

# Vorwort

Die vorliegenden Studien setzen sich mit dem Selbstverständnis der aus der Reformation hervorgegangenen Kirchen auseinander, Kirche des Wortes zu sein. Das Wort Gottes gilt als Grund und Auftrag der Kirche. In der Kommunikation des Evangeliums – der Botschaft von der freien Gnade Gottes – spielt das Medium des Wortes, sei es in Gestalt der mündlichen Verkündigung, sei es in Gestalt des geschriebenen Wortes der Bibel, eine Schlüsselrolle. Auch die Sakramente Taufe und Abendmahl werden als Gestalten des Wortes gedeutet. Das trägt den evangelischen Kirchen den Vorwurf der Wortlastigkeit oder des Logozentrismus ein, der sich einseitig an den menschlichen Hörsinn und den Intellekt richtet, während die übrigen Sinne stiefmütterlich behandelt werden. Statt den ganzen Menschen mit Leib und Seele anzusprechen, wie es die sakramental geprägte katholische, die ostkirchliche und altorientalische Tradition, aber auch das charismatische Christentum tun, hätten die protestantischen Kirchen im Wesentlichen nur ein intellektualistisches Christentum zu bieten. Hier versucht die zeitgenössische evangelische Theologie durch die Aufwertung anderer Medien religiöser Kommunikation und die Aufnahme leibphänomenologischer Einsichten gegenzusteuern.

Dessen ungeachtet mehren sich die Stimmen, die die Kirche des Wortes, jedenfalls in ihrer volkskirchlichen Gestalt, so oder so am Ende sehen. Die Zukunft, so lautet eine Prognose, liege ganz auf lokalen Initiativen, die sich – zumindest für eine gewisse Zeit – im Verzicht auf das öffentliche Wort üben und im

Sinne Bonhoeffers auf das Beten und das sozialdiakonische Tun des Gerechten beschränken. Damit geht der Vorschlag einher, überhaupt auf den durch ihre eigene Schuldgeschichte und modernen religiösen Tansformations- und Pluralisierungsbegriffe kontaminierten Begriff der Kirche zu verzichten und stattdessen lieber nur noch von vielfältigen Gestalten des Christsein als Lebensform zu sprechen.

Dieses Buch nennt Gründe, weshalb auch Christentum von morgen nicht ohne den Begriff Kirche auskommt, so plural seine heutigen und künftigen Gestalten auch sein mögen. Auch die Kirche des Wortes, so lautet die These, hat Zukunft, allen Auszehrungstendenzen zum Trotz. Gerade in einer Zeit, in der sich die bisher dominierende empirische Sozialgestalt der Kirche im Niedergang befindet, ist in Erinnerung zu rufen, dass die Kirche ein Gegenstand des Glaubens ist. Als solcher wird sie im dritten Artikel des Apostolischen und des Nicäno-Konstantinopolitanischen Glaubensbekenntnisses aufgeführt. In all den Debatten über rückläufige Mitgliederzahlen, sinkende Kirchensteuern und notwendige Reformprozesse ist die Rückbesinnung auf die *theologische* Realität der Kirche vonnöten. Die Formel „Kirche des Wortes" ist eine theologische Aussage. Dass die Kirche allein aus dem in der Person Jesu Christi Mensch gewordenen Wort Gottes lebt, dass sie dazu beauftragt ist, dieses Wort aller Welt zu bezeugen, und in diesem Wort den Charakter des Zuspruchs der Verheißung hat, ihre Zukunft hat, ist eine Glaubensaussage, die uns gerade heute helfen soll, nicht den Mut und die Zuversicht zu verlieren.

Die Frage ist auch, ob die reformatorische Überzeugung, wonach die Kirche wie auch der einzelne Christenmensch in seiner gläubigen Existenz Geschöpf des Wortes beziehungsweise des Evangeliums sind, durch den Vorwurf des Logozentrismus hinreichend charakterisiert ist. Muss das Wort in der heutigen Multi-Media-Gesellschaft nicht wieder zu neuen Ehren gebracht werden? Gilt nicht gerade vom Menschen mit Leib und Seele, Haut und Haaren, dass er nicht vom Brot allein, sondern von jedem Wort lebt, „das aus dem Munde Gottes geht", wie Jesus Deuteronomium 8,3 zitiert, als ihn der Teufel in der Wüste versucht, Steine in Brot zu verwandeln, um seinen Hunger zu stillen? Gerade in seiner leiblichen Bedürftigkeit hält Jesus daran fest, dass der Mensch eben nicht vom Brot allein lebt und dass sein Dasein sich nicht in seiner sinnlichen Existenz erschöpft.

Die Kirche des Wortes ist keine platonische Civitas und keine unsichtbare Gemeinschaft reiner Geister, sondern eine Gemeinschaft von Menschen aus Fleisch und Blut. Eine Theologie des Wortes und eine ihr korrespondierende Lehre von der Kirche ist zu einer Theologie der Medien zu erweitern, in der das „leibliche Wort" (Confessio Augustana V) eine Schlüsselstellung innehat. Besonders richtet das vorliegende Buch sein Augenmerk auf das gemeinsame Verständnis des Evangeliums und das mit ihm korrespondierende Verständnis von Kirche und Kirchengemeinschaft, zu dem die aus der Reformation hervorgegangenen Kirchen in der Leuenberger Konkordie (1973) und der durch sie begründeten Gemeinschaft Europäischer Kirchen in Europa GEKE) gefunden haben. Darin schlägt sich meine jahrzehntelange Mitarbeit in Gremien der GEKE nieder, die für mich zu einem prägenden Lernprozess wurde.

Einzelne Gedanken meines Buches habe ich mit meinem Freund Christoph Schneider-Harpprecht diskutieren können. Dafür bin ich ihm dankbar. Danken möchte auch Samuel Bauer und Paula Neven Du Mont, die mir bei den Korrekturen behilflich waren.

Wien, 31. Oktober 2024                    Ulrich H. J. Körtner

# Inhalt

Einleitung: Kirche des Wortes .................................................... 11

1 „Siehe, ich mache alles neu!" Reformation als eschatologisches Geschehen – jenseits von Reform und Transformation .................................................... 26
1.1 Transformers .................................................... 26
1.2 Narrative und Ontologie der Reformation ...................... 28
1.3 Reformation als Transformation bei Ernst Troeltsch und Emanuel Hirsch .................................................... 36
1.4 Reformation als Revolution .................................................... 40
1.5 Aus alt mach neu .................................................... 42

2 Das gemeinsame Verständnis des Evangeliums und die Rechtfertigungslehre .................................................... 47
2.1 Verständnis und Verstehen .................................................... 47
2.2 Ekklesiologische Implikationen und Konsequenzen gemeinsamen Verstehens .................................................... 49
2.3 Evangelium und Rechtfertigungslehre .................................................... 53
2.4 Historische Einordnung .................................................... 54
2.5 Der Ort der Rechtfertigungslehre innerhalb der Leuenberger Konkordie .................................................... 62
2.6 Die Aussagen der Leuenberger Konkordie zur Rechtfertigungslehre .................................................... 66
2.6.1 Die Rechtfertigungsbotschaft als Kriterium und Gestalt des Evangeliums .................................................... 66
2.6.2 Das vierfache *solus* .................................................... 73
2.6.3 Zuspruch und Glaube .................................................... 74
2.6.4 Rechtfertigungslehre und Christologie .................................................... 76
2.6.5 Rechtfertigung, Kirche und Israel .................................................... 78
2.6.6 Evangelium und Gesetz .................................................... 79

## Inhalt

| | | |
|---|---|---|
| 2.6.7 | Die Rechtfertigung des Sünders als trinitarisches Geschehen | 82 |
| 2.6.8 | Rechtfertigung, Ekklesiologie und Eschatologie | 83 |
| 2.7 | Ausblick: Die Gegenwartsbedeutung der Rechtfertigungslehre | 84 |
| **3** | **Kirchengemeinschaft: Vielfalt erleben, erleiden und denken** | **88** |
| 3.1 | Versöhnte Verschiedenheit – versöhnte Vielfalt | 88 |
| 3.2 | Kirchengemeinschaft nach evangelischem Verständnis | 93 |
| 3.3 | Vielfalt erleben | 100 |
| 3.4 | Vielfalt erleiden | 104 |
| 3.5 | Vielfalt denken | 109 |
| **4** | **Öffentliche Theologie als Gestalt einer Theologie der Diaspora** | **121** |
| 4.1 | Kirche zwischen Umbruch und Aufbruch | 121 |
| 4.2 | Theologie der Diaspora | 130 |
| 4.3 | Öffentliche Theologie und Theologie der Diaspora | 138 |
| **5** | **Kirchen und Medien – das Evangelium der Freiheit** | **149** |
| 5.1 | Medientheologie | 149 |
| 5.2 | Evangelische Freiheit und moderne Freiheitsdiskurse | 153 |
| 5.3 | Gottes Wort in Person | 156 |
| 5.4 | Körpersprache | 162 |
| 5.5 | Leibliches Wort im digitalen Zeitalter | 165 |
| 5.6 | Evangelium der Freiheit und kirchliche Medienarbeit | 170 |
| 5.6.1 | Das Evangelium als Inhalt | 171 |
| 5.6.2 | Das Evangelium als Kriterium | 174 |
| 5.6.3 | Evangelische Tugenden in der Medienarbeit | 176 |
| **6** | **Christ sein – Christ werden. Einübung im Christentum** | **178** |
| 6.1 | Christsein im Spannungsfeld zwischen Empirie und normativer Begrifflichkeit | 178 |
| 6.2 | „Christ" und Christen | 185 |
| 6.3 | Einübung ins Christsein | 192 |
| Nachweise | | 197 |

# Einleitung: Kirche des Wortes

Kirche nach evangelischem Verständnis ist Kirche des Wortes. Darin besteht bei allen konfessionellen Differenzen die gemeinsame Grundüberzeugung der aus der Reformation des 16. Jahrhunderts hervorgegangenen Kirchen. Die Kirche ist eine Wort-Schöpfung, „creatura Euangelii", wie Martin Luther sagt,[1] das heißt ein Geschöpf des Evangeliums bzw. eine Schöpfung des Wortes Gottes.[2] Sie ist, um nochmals mit Luther zu sprechen, „nata ex verbo"[3], wobei es sich bei der Geburt der Kirche aus dem Wort Gottes nicht um einen einmaligen Vorgang in der Vergangenheit, sondern um ein beständiges Geschehen handelt. Ähnlich wie der Christenmensch nach Luther täglich aus der Taufe neu herauskriecht,[4] wird auch die Kirche als Gemeinschaft der Glaubenden stets aufs Neue aus dem Wort geboren. Eben in diesem Sinne ist sie Geschöpf des Wortes und nicht sein Schöpfer oder Autor.

Das Wort, von dem diese Bestimmungen der Kirche sprechen, ist das Wort Gottes, dessen letztgültige Offenbarung nicht in Büchern steht, sondern Jesus Christus ist. Er ist, wie man sagen

---

1 WA 2,430,6–8.
2 Die Wendung „creatura verbi" als Bezeichnung für die Kirche lässt sich für Luther nicht nachweisen. Es gibt aber Zitate, die dieser Bezeichnung zumindest nahekommen, z. B. WA 6,560,36–561,1 = Luther, Lat.-Dt. Studienausgabe, Bd. 3, 342,13–15; WA.Br 5,591,49–57. Vgl. dazu Michael Trowitzsch, Die nachkonstantinische Kirche, 4, Anm. 6.
3 WA 42,334,12.
4 Martin Luther, Kleiner Katechismus (BSELK 884,14–17 [= BSLK 516,30–38]).

## Einleitung: Kirche des Wortes

kann, Gottes Wort in Person, das auf vielfältige Weise bezeugt und in diesen Weisen seiner Bezeugung unter den Menschen über die Zeiten hinweg präsent ist. Während die katholischen und die orthodoxen Kirchen die Gegenwart des Wortes vornehmlich sakramental deuten, sehen die aus der Reformation hervorgegangenen Kirchen die unterschiedlichen Gestalten des Wortes als Medium der göttlichen Gegenwart. Auch die Sakramente Taufe und Abendmahl werden als Gestalten des Wortes interpretiert, als sichtbares und sinnlich erfahrbares Wort.

Die Barmer Theologische Erklärung von 1934 bestimmt den Auftrag der Kirche folgendermaßen (These VI): „Der Auftrag der Kirche, in welchem ihre Freiheit gründet, besteht darin, an Christi Statt und also im Dienst seines eigenen Wortes und Werkes durch Predigt und Sakrament die Botschaft von der freien Gnade Gottes auszurichten an alles Volk. Wir verwerfen die falsche Lehre, als könne die Kirche in menschlicher Selbstherrlichkeit das Wort und Werk des Herrn in den Dienst irgendwelcher eigenmächtig gewählter Wünsche, Zwecke und Pläne stellen."[5] Die Wendung „Botschaft der freien Gnade Gottes" ist die Kurzfassung dessen, was im Neuen Testament Evangelium heißt. Der Apostel Paulus schreibt am Beginn seines Römerbriefes, er schäme sich des Evangeliums nicht, sei es doch „eine Kraft Gottes, die selig macht alle, die glauben" (Röm 1,16). Der griechische Text spricht von der *dýnamis theoū*. Welche Wirkungen und welche Wirkmacht das Evangelium entfaltet, ist Thema des vorliegenden Buches.

Unter dem Titel „Die Kirche des Wortes" hat Jochen Cornelius-Bundschuh 2001 eine Untersuchung zum evangelischen Predigt- und Gemeindeverständnis vorgelegt.[6] In einer Zeit, in der

---

5 Text unter https://www.ekd.de/Barmer-Theologische-Erklarung-Thesen-11296.htm (letzter Zugriff: 5.3.2024).

6 Vgl. Jochen Cornelius-Bundschuh, Die Kirche des Wortes. Zum evangelischen Predigt- und Gemeindeverständnis (APThLH 39), Göttingen 2001.

Konzeptionen des Gemeindeaufbaus, neue Medien, Leiblichkeit und Ganzheitlichkeit, aber auch Management-Theorien vielfach als wichtiger für die Zukunft der Kirche gelten, hat Bundschuh den theologischen, sozialen und anthropologischen Sinn der Konzentration auf das Wort in Erinnerung gerufen. Gleichwohl bedarf eine Theologie des Wortes und eine in ihr gründende Ekklesiologie der Einbettung in eine umfassende Theologie der Medien, die im vorliegenden Buch zwar nicht ausgeführt, doch zumindest als Aufgabenstellung beschrieben wird (5. Kapitel).

Radikale Anfragen richten sich heute allerdings nicht nur an die Konzentration der aus der Reformation hervorgegangenen Kirchen. Kritiker wie Tilmann Haberer, der selbst lange evangelischer Gemeindepfarrer war, sehen überhaupt das Ende der Kirche in ihrer bisherigen, volkskirchlichen Gestalt gekommen.[7] Haberer setzt seine Hoffnung auf ein Christentum, das die Kirche als Institution und alle überkommenen Konfessionsgrenzen hinter sich lässt. Das Christsein von morgen künde sich in Gestalt zahlreicher fluider Initiativen an, von denen derzeit zwar etliche durchaus als Projekt von den Kirchen finanziert werden, die aber auf die Dauer ganz ohne jede institutionelle Unterstützung auskommen müssen und können. Das Christentum von morgen, so lautet eine der Thesen Haberers, „ist nicht ‚Volkskirche' sondern das Familientreffen der Kinder Gottes"[8], und zwar in Gestalt von Stadtteilinitiativen und Hausgemeinden, die sich nicht institutionell verfestigen, vielleicht auch nur für eine gewisse Zeit bestehen, und deren Christsein im Sinne Dietrich Bonhoeffers im Beten und im sozialdiakonischen Tun des Gerechten besteht. Die Hoffnung des Christentums liege in unseren Breitengraden auf Initiativen wie FreshX – einer in der Church of

---

7 Vgl. Tilmann Haberer, Kirche am Ende. 16 Anfänge für das Christsein von morgen, Gütersloh 2023.

8 Haberer, Kirche (s. Anm. 7), 46–61.

England entstandenen Initiative –, Erprobungsräumen (z. B. in der Evangelischen Kirche Mitteldeutschlands), MUT, Polylux oder den beymeisterns aus Köln.

Im Unterschied zu evangelikalen und charismatischen Strömungen, zu Bewegungen wie Willow Creek oder die Hillsong-Church, bildet das Herzstück der von Haberer beschriebenen Christenheit nicht der Gottesdienst, sondern der Dienst an dem Menschen,[9] der im Gebet seine Kraftquelle findet, sich aber mit öffentlicher Wortverkündigung bewusst zurückhält. In Anbetracht der langen Schuldgeschichte sei solche Abstinenz mehr als angebracht. Neben den Sünden der Kolonial- und Missionsgeschichte, Rassismus, Diskriminierung sexueller Minderheiten und der Verfolgung Andersglaubender, führt Haberer auch die Milieuverengung vor allem der evangelischen Volkskirche auf die bürgerliche Mittelschicht ins Feld. „Vielleicht ist dies die größte Schuld der Kirchen, dass sie es offenbar nicht geschafft haben, ihre grundlegendsten Inhalte, den Kern ihrer Botschaft so weiterzusagen, dass sie den Menschen in Kopf und Herz präsent sind."[10] Neben einem umfassenden Schuldeingeständnis hält Haberer die Zeit für gekommen, „dass die Kirche sich selbst ein Bußschweigen auferlegt. Vielleicht sollte die Kirche selbst einmal schweigen und sich an ihren Taten messen lassen, nicht mehr an ihren Worten."[11] Die Predigt der Tat stehe vor der Predigt mit Worten, eine wirkmächtige Wortverkündigung aber könne, im Sinne Bonhoeffers, wie „[a]lles Denken, Reden und Organisieren"[12], aus dem Beten und dem Tun des Gerechten neu geboren werden.

---

9  Vgl. a. a. O., 248.
10  A. a. O., 219.
11  A. a. O., 220.
12  Dietrich Bonhoeffer, Widerstand und Ergebung. Briefe und Aufzeichnungen aus der Haft, hg. v. Christian Gremmels u. a., Gütersloh 1998 (DBW 8), 435.

## Einleitung: Kirche des Wortes

In einem Drama-Fragment, das Bonhoeffer in Tegel verfasst hat, findet sich der Satz: „Laßt uns die höchsten Güter eine Zeitlang durch Schweigen ehren, laßt uns lernen, eine Zeitlang ohne Worte das Rechte zu tun."[13] Weiter heißt es dort: „Warum sage ich nicht einfach, was ich meine und weiß? oder wenn ich das nicht will, warum schweige ich nicht ganz? Wie schwer ist es wirklich wortlos, unverstanden [!] das Notwendige und Rechte zu tun."[14] Bonhoeffer mag bei diesen Sätzen, die er im Stück der Figur Christoph in den Mund legt, an sich selbst gedacht haben. Haberer kommentiert den ersten Satz, den er verkürzt wiedergibt: „Ohne Worte, das heißt für ihn [sc. Bonhoeffer] aber nicht, dass er auf das gemeinsame Gebet verzichtet hätte, im Gegenteil. Es geht um das *öffentliche* Wort, vor allem um moralische Anweisungen oder Vorschriften, aber auch um autoritative Angebote der Weltdeutung, auf die die Christinnen und Christen von morgen gern verzichten."[15]

Nun ist Kritik an moralisierenden Botschaften der Kirchen durchaus berechtigt. Auch dass die öffentliche Verkündigung der Kirchen, wenn es um die zentralen Inhalte des christlichen Glaubens geht, so häufig kraftlos ist, wie es bereits Bonhoeffer in der NS-Zeit beklagt hat, und dass dies nicht nur der Säkularisierung anzulasten, sondern auch auf eigenes Versagen der Kirchen zurückzuführen ist, soll nicht bestritten werden. Bei aller Reue über die Schuldgeschichte der Kirche darf doch nicht die Segensgeschichte, die mit ihr verbunden ist, in Vergessenheit geraten. Die Geschichte des Christentums und der Kirche ist eben keineswegs, wie Goethe meinte, nur ein Mischmasch von Irrtum und Ge-

---

13 Dietrich Bonhoeffer, Drama, in: Ders., Fragmente aus Tegel, hg. v. Renate Bethge und Ilse Tödt (DBW 7), Gütersloh 1994, 21–71, hier 49.
14 A. a. O., 50.
15 Haberer, Kirche (s. Anm. 7), 248.

walt,[16] sondern doch auch die Geschichte der aus dem Evangelium kommenden Freiheit.

Bonhoeffers berühmtes Diktum vom Beten und Tun des Gerechten wird zumeist nur in der verkürzten Fassung wiedergegeben. Am Ende seines Briefes zum Tauftag seines Patenkindes Dietrich Wilhelm Rüdiger Bethge, geschrieben im Mai 1944, wiederholt und erweitert Bonhoeffer den Satz: Bis Menschen wieder berufen würden, das Wort Gottes in einer ganz neuen, vielleicht unreligiösen, aber befreienden und erlösenden Sprache auszusprechen, werde „die Sache der Christen eine stille und verborgene sein; aber es wird Menschen geben, die beten und das Gerechte tun und auf Gottes Zeit warten"[17]. Das Warten auf Gottes Zeit fällt in der Bonhoeffer-Rezeption allzu leicht unter den Tisch.[18] Am Schluss ist Bonhoeffer wichtig, dass die Christen in allem Beten und Tun des Gerechten auf Gottes Zeit warten und damit in die Zukunft blicken.[19] Das Warten ist aber bei Bonhoeffer kein untätiges Abwarten, sondern ein gespanntes, tätiges Warten, in dem auch der Theologie eine wichtig Rolle zukommt. Nicht nur die einzelnen Christen, sondern auch die Kirche wartet, „indem sie arbeitet"[20] – und zwar auch theologisch arbeitet. Warten geschieht im immer wieder neuen und intensiven Hören auf die biblischen Texte, und zwar als Hören von Einzelnen einzeln wie als gemeinschaftliches Hören.

---

16 Vgl. dazu Martin Tetz, ‚Mischmasch von Irrtum und Gewalt'. Zu Goethes Vers auf die Kirchengeschichte, in: ZThK. 88 (1991), 339–363.

17 Bonhoeffer, Widerstand und Ergebung (S. Am. 12), 436.

18 Vgl. Wolfgang Huber, Bonhoeffer, 107.

19 Vgl. Huber, ebd.

20 Dietrich Bonhoeffer, Die Bekennende Kirche und die Ökumene, EvTh 2 (1935), 245–261, jetzt in: Ders., Illegale Theologenausbildung: Finkenwalde 1935–1937, hg. v. Otto Dudzus u. Jürgen Henkys in Zusammenarbeit mit Sabine Bobert-Stützel, Dirk Schulz u. Ilse Tödt (DBW 14), Gütersloh 1996, 378–399, hier 397.

Auch so kann der gemeinschaftliche Gottesdienst verstanden und gefeiert werden: Nicht als Einbahnstraße einer autoritativen Verkündigung derer, die sich im Besitz der Wahrheit dünken, sondern als gemeinschaftliches Hören, verbunden mit der Bitte, dass sich die Texte und ihre Botschaft neu erschließen, die mit den Worten des Vaterunsers schließt: „Amen, das ist, es werde wahr" (Martin Luther, EG 344, 9).

Das christliche Beten verliert seinen Richtungssinn, wenn es sich nicht auf das biblisch bezogene Wort Gottes ausrichtet. Das Gerechte, das getan werden soll, bleibt unbestimmt, wenn es sich nicht an der Gerechtigkeit Gottes orientiert, die sich in der Rechtfertigung des gottlosen Menschen zeigt. Daher scheint es mir angemessen, die dreigliedrige Formel Bonhoeffers, vom Beten, Tun des Gerechten und Warten auf Gottes Zeit um das Element des Hörens zu erweitern, nämlich des Hörens auf Gottes Wort, wie es in der Bibel als Heiliger Schrift bezeugt ist.

Diese Überlegungen führen uns von Bonhoeffer zu Karl Barth, der in der frühen Phase seiner Dialektischen Theologie die Aufgabe der Verkündigung als unmögliche Möglichkeit beschrieben hat: „Wir sollen als Theologen von Gott reden. Wir sind aber Menschen und können als solche nicht von Gott reden. Wir sollen Beides, unser Sollen und unser Nicht-können wissen und damit Gott die Ehre geben."[21] In seiner Kirchlichen Dogmatik führt Barth aus, dass die zur Verkündigung des Wortes Gottes berufene Kirche zunächst hörende Kirche zu sein hat, die immer wieder aufs Neue „zu neuem Hören des Wortes Gottes der in der Schrift bezeugten Offenbarung Gottes"[22] zu rufen ist. Darin sieht Barth die Aufgabe der Dogmatik als Disziplin der Theologie. Erst

---

21 Karl Barth, Das Wort Gottes als Aufgabe der Theologie, in: ders., Das Wort Gottes und die Theologie. Gesammelte Vorträge, München ²1929, 156–178, hier 158.
22 Karl Barth, Die Kirchliche Dogmatik I/2, Zollikon-Zürich ⁴1948, 890 (§ 23).

in einem zweiten Schritt sei die hörende Kirche zu neuem Lehren aufzurufen.[23] Macht man sich von den doktrinalen Klängen der Wörter „Hören" und „Lehren" frei und spricht stattdessen mit Ernst Lange von der Kommunikation des Evangeliums, dann ist auch das Bemühen um ein neues Hören der biblischen Botschaft keine hierarchisch-asymmetrische Angelegenheit zwischen vermeintlichen Besitzern und Adressaten der Glaubenswahrheit, sondern ein gemeinschaftliches, ein gemeinsames Meditieren der Texte, ein Beten über der aufgeschlagenen Bibel, deren Sinn für das Heute sich auftun möge. Zum Warten als Praxis eines lebendigen Umgangs mit den biblischen Texten gehört aber auch das tätige Bemühen um genaues Hinhören und aufmerksames Lesen und Studieren, mit anderen Worten exegetische Arbeit und Sorgfalt.

Das alles wird nicht möglich sein ohne Menschen, die sich um Bibelexegese und theologisches Nachdenken bemühen, die darin selbst geschult, wenn möglich auch akademisch gebildet sind und andere im Sinne des Priestertums alle Glaubenden zum eigenständigen Lesen und Hören anleiten. Es geht dabei nicht um Indoktrination, sondern, modern gesprochen, um Empowerment. All das aber ist nicht denkbar ohne Kirche, oder sagen wir besser: Wo dergleichen geschieht, da ereignet sich eben Kirche.

Kirche in diesem Sinne, gegründet im gemeinsamen Beten, Hören, Tun des Gerechten und Warten auf Gottes Zeit, ist niemals nur fluide, eine ebenso fließende wie flüchtige Bewegung, sondern auch Institution. Bei aller berechtigten Kritik an verkrusteten Strukturen und Organisationsformen, die den Herausforderungen der Gegenwart und der Zukunft nicht mehr genügen, wäre es doch kurzschlüssig, wollte man eine Christen-

---

23  Vgl. Barth, KD I/2 (s. Anm. 22), 943.

heit der fluiden Beweglichkeit gegen die institutionelle Gestalt von Christentum ausspielen, die sich nicht einfach als „Behördenkirche"[24] abschreiben lässt. In diesem Zusammenhang sei an die Bedeutung des Wortes „bleiben" im Johannesevangelium erinnert. Die zum Glauben an Christus finden, sollen in ihm bleiben wie er in ihnen.[25] In Christus und bei seinem Wort zu bleiben, ist im Johannesevangelium zwar nicht unmittelbar auf die Kirche gemünzt. Die johanneischen Aussagen sind aber auch nicht im Sinne einer esoterischen Mystik gemeint, sondern in ihnen schwingt der Aspekt der Zugehörigkeit zur Gemeinde Jesu Christi immer schon mit. Schließlich richten sich die Abschiedsreden Jesu an seine Jünger und nicht an Einzelpersonen. Es mag heutzutage Menschen geben, die sich einer Gemeinde nur eine Zeitlang zugehörig fühlen, und gewiss ist die Existenz der Gemeinde Christi nicht nur in volkskirchlich-institutionellen Strukturen vorstellbar. Aber Glaubensgemeinschaft nach neutestamentlichem Verständnis ist überindividuell auf zeitliche Dauer angelegt.

Statt in die verbreiteten Abgesänge auf die Volkskirche und die letzten Restbestände des konstantinischen Zeitalters einzustimmen, sollte sich die evangelische Kirche im Gegenteil wieder mehr auf ihren institutionellen Charakter besinnen. Er schließt zum Beispiel rechtsförmig geordnete Verfahren ein, wie die Kirche und die einzelnen Gemeinden ihre inneren Angelegenheiten, aber auch ihre Außenbeziehungen regeln. Darin steckt ein dezidiert biblisch-theologisches Moment, wird doch, wie Reiner Anselm und Peter Dabrock in Erinnerung rufen, „das Recht in gewichtigen Teilen des Alten Testaments als Etablierung von Barmherzigkeit verstanden"[26]. Das gilt auch im Um-

---

24 Haberer, Kirche (s. Anm. 7), 218.
25 Vgl. Joh 6,56; 15,4–7.9 f. Siehe auch Joh 8,31; 10,38.
26 Reiner Anselm/Peter Dabrock, Irrweg der Bewegung. Warum die evange-

gang mit sexualisierter Gewalt in den Kirchen, der die Glaubwürdigkeit der Kirchen zutiefst erschüttert hat. Es hat nicht nur Formen sexualisierter Gewalt, etwa in der kirch-lichen Jugendarbeit in den 1970er Jahren begünstigt, sondern auch zu Willkür im Umgang mit Vorwürfen und Unterstellungen gegenüber kirchenleitenden Personen geführt, wie sich an den Vorgängen rund um den Rücktritt der ehemaligen Ratsvorsitzenden der EKD, Präses Annette Kurschus, studieren lässt.

Experimentelle Aufbrüche in neue christliche Lebensformen lassen sich bei genauerem Nachdenken nicht gegen die kirchliche Gestalt des Christentums ausspielen. Man sollte auch nicht das Modell einer Beteiligungskirche gegen die volkskirchliche Mentalität einer Versorgungskirche in Stellung bringen, es sei denn, man erklärt aller vermeintlichen Pluralität und Offenheit zum Trotz eben doch die eigene Auffassung des Christlichen zur Norm. So gesehen kann auch das Plädoyer für ein undogmatisches und transkonfessionelles Christentum im pejorativen Sinn dogmatische Züge annehmen. Gegenüber einem differenzierten Begriff von Kirche und Christenheit, der mit Wolfgang Huber zwischen Ortsgemeinde, Initiativgruppe, Regionalkirche und Föderation unterscheidet,[27] bleibt die Gegenüberstellung von Kirche als Institution und Kirche als Bewegung unterkomplex. Auch auf Weltebene bleibt das Christentum auf institutionelle Formen angewiesen, mögen auch die konfessionellen Weltbünde, der Weltrat der Kirchen und die nach wie vor zentralistisch organisierte römisch-katholische Kirche noch so sehr von Krisen erschüttert sein.

Kirche des Wortes, so lautet die These, ist eine Beschreibung des Christentums, die nicht nur die Vergangenheit beschwört,

---

lische Kirche sich wieder mehr als Institution verstehen muss, https://zeitzeichen.net/node/10930, 22.1.2024 (letzter Zugriff: 2.4.2024).

27 Vgl. Wolfgang Huber, Kirche, München ³1988, 46.

sondern eine Zukunft hat, allen Auszehrungstendenzen zum Trotz. Diese Zukunft hat sie als Gegenstand des Glaubens. Als solche kommt sie in den altkirchlichen Glaubensbekenntnissen zu Sprache. Und wie sich der Glaube grundsätzlich zwischen Bekenntnis und Welterfahrung ausspannt,[28] so auch der Glaube an den Zuspruch und die Verheißung, unter der die Kirche nach biblischem Zeugnis steht. Die Zukunft, auf die sich die Hoffnung des Glaubens für die Kirche richtet, ist nicht das futurum kirchensoziologischer Prognosen, sondern der *adventus*, die Zukunft Gottes. Aus dieser Zukunft, dem Kommen Gottes zu leben, heißt dann aber auch, die Möglichkeiten zu erkennen, die Gott seiner Kirche immer wieder neu zuspielt.

Der Fokus der nachfolgenden Analysen liegt auf der kirchengründenden Wirkmacht des Evangeliums, wie sie in der Leuenberger Konkordie von 1973 beschrieben und in der Gemeinschaft Evangelischer Kirchen in Europa (GEKE) erfahren wird. Das in der „Konkordie reformatorischer Kirchen in Europa" – so der offizielle Titel der Leuenberger Konkordie – dargelegte gemeinsame Verständnis des Evangeliums hat die Kirchengemeinschaft der vormals getrennten Kirchen, die aus der Reformation hervorgegangen sind, ermöglicht. Ausdrücklich versteht die Konkordie die so entstandene Kirchengemeinschaft im europäischen Raum als Beitrag auf das Ziel der Gemeinschaft aller christlichen Kirchen hin.[29] Die Wirkmacht des kirchengründenden Evangeliums ist also nicht statisch, sondern dynamisch zu verstehen, wie sich auch an der seit 1973 erfolgten Weiterentwicklung der Leuenberger Kirchengemeinschaft ablesen lässt. Die ökumenische Perspektive der Leuenberger Konkordie ist keine bloß innerprotestantische, sondern auf die gesamte Christenheit ausgerichtet.

---

28 Vgl. Dieter Lührmann, Glaube im frühen Christentum, Gütersloh 1976, 98.
29 Vgl. Leuenberger Konkordie (= LK), Nr. 46 f.

Einleitung: Kirche des Wortes

Das Kernstück des vorliegenden Buches bilden Untersuchungen zum gemeinsamen Verständnis des Evangeliums in der Leuenberger Konkordie (2. Kapitel) sowie zum Verständnis von Kirche und Kirchengemeinschaft, wie es die Gemeinschaft Evangelischer Kirchen in Europa vertritt (3. Kapitel). Zur Dynamik der Kirchenentwicklung gehören freilich auch die Umbrüche und Abbrüche, die sich gegenwärtig ereignen. Auf sie antwortet die GEKE mit einer Theologie der Diaspora, die diesen geschichtlich nicht unbelasteten Begriff inhaltlich neu füllt.[30] Das gleichnamige Studiendokument legt nicht nur eine Standortbestimmung der evangelischen Kirchen im pluralen Europa vor, sondern formuliert auch Anstöße für eine Öffentliche Theologie der Diaspora.[31] Man kann auch sagen: für eine Theologie der Diaspora, die sich als Gestalt Öffentlicher Theologie begreift, die Gegenstand internationaler Diskurse ist.[32] Die Debatte zum Konzept einer Öffentlichen Theologie der Diaspora wird im 4. Kapitel des vorliegenden Buches aufgegriffen und fortgeführt. Auch sie gehört zu den Wirkungen des Evangeliums in der heutigen Zeit.

Zu den zentralen Themen einer Öffentlichen Theologie zählt die Präsenz der Kirche in der modernen Mediengesellschaft. Um sie wird es im 5. Kapitel gehen, das freilich, wie bereits weiter oben angedeutet, Aufgaben, Inhalt und Kriterien kirchlicher Medienarbeit im Kontext einer umfassenden Theologie der Medien verortet. Welche Implikationen, so lautet die Ausgangsfrage, hat das Evangelium als Botschaft der Freiheit oder der freien Gnade

---

30 Vgl. Mario Fischer/Miriam Rose (Hg.), Theologie der Diaspora. Studiendokument der GEKE zur Standortbestimmung der evangelischen Kirchen im pluralen Europa, Wien 2019.

31 Vgl. a. a. O., 106–125.

32 Vgl. Ulrich H. J. Körtner/Reiner Anselm/Christian Albrecht (Hg.), Konzepte und Räume Öffentlicher Theologie. Wissenschaft – Kirche – Diakonie (Öffentliche Theologie, Bd. 39), Leipzig 2020.

Gottes für das Selbstverständnis evangelischer Publizistik, und welche journalistischen Tugenden entsprechen dem Evangelium der Freiheit?

Die Leuenberger Konkordie richtet zu Beginn den Blick auf die Reformation und den Weg zur Gemeinschaft, den die aus der Reformation hervorgegangenen Kirchen bis zur Unterzeichnung der Konkordie gegangen, oder besser gesagt: geführt worden sind. Es liegt daher nahe, am Anfang des vorliegenden Buches den Begriff des Reformatorischen zu bestimmen. Begriff und Sache der Reformation sind Gegenstand einer umfänglichen Theoriedebatte, in der die europäische Reformation des 16. Jahrhunderts wahlweise als Systembruch innerhalb der spätmittelalterlichen katholischen Kirche, als eine unter vielen Reformbewegungen oder als Transformationsprozess begriffen wird. Das *1. Kapitel* des Buches entwickelt einen dezidiert theologischen Begriff der Reformation, der diese jenseits von Reform und Transformation als eschatologisches Geschehen begreift. Als solches ist es eine Wirkung des Evangeliums, dessen Subjekt nicht reformwillige Menschen, sondern letztlich Gott selbst ist, auf dessen Wirken auch in der Gegenwart mit all ihren Umbrüchen und Krisen zu hoffen ist.

Den Abschluss des Buches (*6. Kapitel*) bilden Reflexionen zum Begriff des Christseins, den nicht nur Tilmann Haberer alternativ zum überkommenen Begriff der Kirche verwendet. Auch bei dem Praktischen Theologien Christian Grethlein tritt der Begriff des Christseins an die Stelle von „Kirche", aber auch von „Religion" als Leitbegriffen, weil diese nicht mehr dazu taugten, die fortschreitende Individualisierung und Pluralisierung des Christentums – oder sollten wir besser sagen: der Christentümer – zu beschreiben.[33] Wer meint, auf die Bezeichnung „Kirche"

---

33 Vgl. Christian Grethlein, Christsein als Lebensform. Eine Studie zur Grundlegung der Praktischen Theologie (ThLZ.F 35), Leipzig 2018.

besser zu verzichten, sollte sich bewusst machen, dass christlicher Glaube und Christsein als Lebensform Gemeinschaftsphänomene sind. Im Unterschied zu einer letztlich elitären Form von mystischer Religiosität hat das Christentum von Beginn an Gemeinden mit einer missionarischen Ausrichtung gebildet. Auch wenn sie in ihrer Organisation und ihrem Gemeindeleben manche Parallelen zum antiken Vereinswesen aufweisen,[34] blieben sie doch nicht auf lokale Initiativen beschränkt, sondern begriffen sich als Teil des einen Leibes Christi oder des Volkes Gottes. Mit dem Begriff der Kirche kommt die universale Dimension des Christseins und christlicher Lebensformen in den Blick, die es mit den großen altkirchlichen Glaubensbekenntnissen festzuhalten gilt.

Wie die Kirche ist auch die Existenz der Glaubenden als Schöpfung des Evangeliums zu begreifen. Christsein ist nicht ohne Zugehörigkeit zur Kirche denkbar, auch wenn das Verhältnis der gläubigen Individuen zu Christus und der Kirche nach evangelischem Verständnis anders als aus katholischer Sicht zu bestimmen ist. Folgt man Friedrich Schleiermacher, so hat der einzelne Christ ein Verhältnis zur Kirche, weil und insofern er ein Verhältnis zu Christus hat, hingegen hat er nach katholischer Auffassung ein Verhältnis zu Christus, weil und insoweit er ein Verhältnis zur Kirche hat. Davon abgesehen, besteht die theologische Aufgabe darin, den Begriff des Christlichen oder des Christseins im Spannungsfeld von Empirie und normativem

---

34 Vgl. Markus Öhler, Die Jerusalemer Urgemeinde im Spiegel des antiken Vereinswesens, in: NTS 51 (2005), 393–415; ders., Iobakchen und Christusverehrer. Das Christentum im Rahmen des antiken Vereinswesens, in: Rupert Klieber/Martin Stowasser (Hg.) Inkulturation. Historische Beispiele und theologische Reflexionen zur Flexibilität und Widerständigkeit des Christlichen, Theologie. Forschung und Wissenschaft 10, Wien 2006, 63–86; ders., Apostedekret und antikes Vereinswesen. Gemeinschaft und ihre Ordnung (WUNT 280), Tübingen 2011.

Sprachgebrauch zu bestimmen. Ohne Vermittlung mit der Empirie bleibt der Begriff des Christseins abstrakt. Ohne einen normativen Begriff des Christlichen verliert dieses hingegen seine Konturen, weil am Ende alles für christlich gilt, was sich dafür hält oder als solches ausgibt. Ein normativer Begriff des Christlichen, nämlich des Christusgemäßen hat aber im Evangelium, verstanden als Botschaft von der freien Gnade Gottes (Barmen VI) sein entscheidendes Kriterium. Was dem Evangelium gemäß ist, darf für sich beanspruchen christlich zu sein. Christsein gibt es aber immer nur als ein Werden und als beständige Einübung ins Christentum. Wo dies geschieht, gelangt die Wirkmacht des Evangeliums an ihr Ziel.

# 1 „Siehe, ich mache alles neu!"
## Reformation als eschatologisches Geschehen – jenseits von Reform und Transformation

### 1.1 Transformers

Als meine Frau und ich vor einigen Jahren die Studios von Paramount Pictures in Los Angeles besichtigten, stand in einer mit Filmrequisiten angefüllten Halle in einer Ecke ein bis an die Decke reichendes gelbes Robotermonstrum. Es handelte sich um eine der Figuren aus dem Action- und Science-Fiction-Film „Transformers", der 2007 in die Kinos kam. Bislang gab es vier Fortsetzungen, die letzte übrigens 2017, also im Jahr des 500. Reformationsjubiläums. Dieses Zusammentreffen war sicher rein zufällig, aber es bietet einen willkommenen Anlass, über den Begriff der Transformation im Zusammenhang mit der Geschichte der Reformation und ihrer historischen wie systematisch-theologischen Interpretation nachzudenken.

Im Mittelpunkt der Handlung steht der siebzehnjährige James „Sam" Witwicky, der von seinem Vater sein erstes Auto geschenkt bekommt, ohne zu wissen, dass es sich dabei um einen außerirdischen Roboter handelt. Wie unter den Menschen gibt es auch unter den intelligenten Maschinen gute und böse, und der Film erzählt uns von einem Krieg der Welten zwischen den bösen Decepticons und den guten Autobots. Das Kürzel steht für autonome Roboter. Sams Roboter, der sich im Lauf der Filmhandlung als sein Beschützer erweist, trägt den Namen Bumblebee. Wie die anderen Autobots kann er sich in ein Fahrzeug verwandeln. In der ursprünglichen Version war er ein VW-Käfer, in den späteren Filmen ein Chevrolet Camaro.[1]

## 1.1 Transformers

Was haben wir uns nun unter der Reformation des 16. Jahrhunderts und ihrer Wirkungsgeschichte vorzustellen? Trifft es die Sache, wenn man die Reformationsepoche als Transformation der abendländischen Kirche auffasst, und ist die weitere Geschichte des Protestantismus zutreffend als fortlaufender Transformationsprozess beschrieben? Trifft der Begriff der Transformation auf die Reformation in gleicher Weise zu wie auf die auf sie reagierende katholische Reform?

Was ist überhaupt mit dem Begriff Transformation im Zusammenhang mit Reformation und katholischer Reform gemeint? Handelt es sich um Transformationen wie bei den Transformers aus dem Hollywood-Film? Die Autobots haben die Fähigkeit zur Metamorphose, wobei die Automobil-Gestalt ein Inkognito ihres wahren Selbst ist. Nicht die Gestalt des VW-Käfer oder des Chevrolet Camaro, sondern die übermenschlich große Robotergestalt verkörpert das wahre Wesen Bumblebees, der freilich nicht zeusgleich alle möglichen Gestalten annehmen kann, sondern nur entweder als Roboter oder als PKW in Erscheinung tritt. Eines der verschiedenen Reformationsnarrative scheint so zu funktionieren. Am Beginn der Kirchengeschichte steht die Urgemeinde, in der sich das wahre Wesen und die wahre Bestimmung der Kirche zeigen. Zwar zeigt sie im Laufe der ersten Jahrhunderte manche Veränderungen, aber erst mit dem Entstehen des Papsttums setzt eine Phase der Kirchengeschichte ein, in der sich das wahre Wesen der Kirche verbirgt und in einer völlig verzerrten Gestalt zeigt, bis sie schließlich in der Reformation zu ihrem wahren Wesen und ihrer richtigen Gestalt zurückfindet. Wie beim Autobot Bumblebee sind zwar auch in

---

1 Nur am Rande sei vermerkt, dass die Filmproduktion nicht nur vom Spielzeughersteller Hasbro und weiteren Firmen unterstützt wurde, die ihre Produkte im Film platzieren konnten, sondern auch von den Streitkräften der Vereinigten Staaten.

der Zwischenzeit zwischen Ursprung und Reformation die wesentlichen Elemente der Kirche vorhanden, aber sie haben eine andere Funktion. Ihre eigentliche Funktion – z. B. die der Sakramente – wird erst in der Reformation wiederentdeckt, und was bis dahin als Sakrament erschien – man denke an die Ehe – erweist sich nun als etwas ganz anderes, in diesem Fall als ‚weltlich Ding', das zur Schöpfungsordnung, aber nicht zur Heilsordnung gehört.

In der neueren ökumenischen Theologie erklärt man den Funktionswechsel gern mit Hilfe von Wittgensteins Sprachspieltheorie. Nicht nur liturgische Handlungen, sondern auch Begriffe können in den verschiedenen konfessionellen Sprachspielen unterschiedliche Bedeutungen annehmen, so wie Spielsteine, die in verschiedenen Spielen nach unterschiedlichen Regeln gebraucht und mit unterschiedlicher Bedeutung versehen sind. Oder eben Autoteile, die in der Gestalt des Roboters an ganz anderer Stelle zu finden sind und eine andere Funktion haben.

## 1.2 Narrative und Ontologie der Reformation

Der Transformationsbegriff wirft ontologische Fragen auf, die aus der philosophischen und theologischen Tradition bekannt sind. Sie betreffen das Verhältnis von Form und Materie, Essenz und Existenz sowie die Lehre vom vierfachen Grund, also die Unterscheidung zwischen *causa formalis*, *causa materialis*, *causa finalis* und *causa efficiens*. Wie immer der Transformationsbegriff in kirchen- bzw. christentumsgeschichtlichen Zusammenhängen verwendet wird, er impliziert immer auch die genannten ontologischen Fragestellungen. Sich mit ihnen auseinanderzusetzen, kann helfen, den heute schon fast zum Modebegriff gewordenen Terminus Transformation zu präzisieren. Es zeigt sich dann nämlich, dass der Transformationsbegriff keine einheitliche Bedeutung hat, sondern mit unterschiedlicher Bedeutung gefüllt sein kann.

Der Science-Fiction-Film „Transformers" steht beispielhaft für ein Verständnis von Transformation, bei dem lediglich die Form sich wandelt, die Substanz und ihre Elemente aber erhalten bleiben, ohne dass etwas hinzugefügt oder weggenommen wird. Hier ist Transformation tatsächlich Re-Formation bei vollständiger Erhaltung der Substanz oder Materie. Die Form der Materie wird auch nicht von außen oktroyiert, sondern vom Autobot selbst verändert, wobei dieser seinem inneren Wesen folgt, das ihm – von wem auch immer – eingegeben worden ist. Dieses Wesen stiftet seine Identität und ist seine Entelechie und Energeia. Der Roboter ist ja als autonomes Wesen vorgestellt.

Was aber ist die *causa efficiens* im Fall der Reformation? Ist es die Kirche selbst? Sind es einzelne Menschen, die Kirchen- und Theologiegeschichte schreiben? Sind es politische und sozialgeschichtliche Konstellationen? Die Zeitgenossen, allen voran Martin Luther, haben in der reformatorischen Bewegung und ihren revolutionären Folgen Gott am Werk gesehen und die Kirche nicht als Subjekt, sondern als Objekt des Transformationsprozesses verstanden. Die Kirche gilt Luther als Geschöpf Gottes, genauer als Geschöpf seines Evangeliums, und in diesem ist das *principium* aller Reform- und Transformationsprozesse zu finden. Dass die Reformation der Kirche nicht menschliches, sondern göttliches Werk ist, wird eine profane Geschichtsschreibung allenfalls als Deutung gläubiger Subjekte gelten lassen. Systematische Theologie hat sich mit dieser Deutung freilich auf der Ebene dogmatischer Urteilsbildung auseinanderzusetzen. Darauf zielen meine weiteren Überlegungen im Hinblick auf das Thema.

Doch fragen wir zuvor noch genauer nach den verschiedenen Transformationsbegriffen, ihren ontologischen Implikationen

## 1 „SIEHE, ICH MACHE ALLES NEU!"

und den mit ihnen verbundenen Narrativen. Aus Sicht der Anhänger der Reformation wird ihre Geschichte als eine der Läuterung und Reinigung erzählt. Transformation bedeutet in diesem Fall, dass Elemente, die im Laufe der Kirchengeschichte zur ursprünglichen Substanz hinzugefügt und die Gestalt der Kirche verändert haben, ausgeschieden werden, ohne dass doch der frühchristliche Urzustand wiederhergestellt würde, was aus heutiger Sicht schon deshalb nicht möglich ist, weil es die eine Urgemeinde gar nicht gegeben hat. Bestimmte Elemente, die es in den Anfängen des Christentums noch nicht gab, bleiben bei diesem Reform- und Transformationsprozess erhalten, sofern sie den entscheidenden theologischen Kriterien genügen, die aus der Urkunde des Anfangs – der Heiligen Schrift – gewonnen werden, der Kommunikation des Evangeliums von der Rechtfertigung des Sünders allein durch den Glauben dienen und zu den Adiaphora gezählt werden können. Reformation als Transformation lässt sich dann mit einer Kirchensanierung vergleichen, wie sie Anfang der 1970er Jahre in meiner Heimatkirche im westfälischen Enger stattfand. Aus der Kirche, die selbst eine Mixtur aus älteren romanischen und jüngeren gotischen Bauteilen bildet, wurden nachträglich eingebaute Emporen und neuromanische Wandmalereien vom Beginn des 20. Jahrhunderts entfernt. Sinnbild für die katholische Reform ist dagegen die barocke Umgestaltung romanischer und gotischer Kirchen im Zeitalter der Gegenreformation. Reform bedeutet in diesem Fall nicht das einseitige Ausscheiden von Elementen, sondern ihren Austausch und die Hinzufügung neuer.

Nun stellt sich allerdings die Frage, in welches Verhältnis Transformation und Reformation im Fall der Kirche gesetzt werden. Sind Reformation und Transformation grundsätzlich gleichzusetzen? Oder ist die Reformation des 16. Jahrhunderts nur ein folgenreicher, aber eben doch auch nur exemplarischer Fall von Transformation, wie sie im Lauf der Kirchengeschichte immer wieder stattgefunden hat und weiter stattfinden wird? Kann man die Formel „ecclesia semper reformanda", die Karl Barth um die Mitte des 20. Jahrhunderts geprägt hat,[2] deren Vorgeschichte aber bis ins 17. Jahrhundert zurückreicht,[3] umformulieren: „Ecclesia semper transformanda"? Gibt es für diese Umformulierung möglicherweise nicht nur gute historische, sondern auch theologische Gründe?

Es handelt sich notabene bei beiden Formeln um normative Sätze und nicht etwa nur um eine historiographische Beschreibung geschichtlicher Vorgänge. Die Formel „reformanda sive transformanda" macht aus dem historiographischen Begriff der Transformation einen systematisch-theologischen. Ohne eine theologische Kriteriologie aber wird Transformation, sei es der Kirche, sei es des Christentums oder der christlichen Religion, zum Selbstzweck. Der Begriff wird dann ebenso nichtssagend wie die Begriffe Pluralisierung, Pluralismus und Pluralismusfähigkeit, die von einer Kirche und einer Theologie verlangt werden, welche auf der Höhe ihrer Zeit sein wollen.

Transformation kann dann als unabgeschlossener Prozess der Evolution gedacht werden, der immer neue Gestalten christlichen Glaubens und Lebens hervorbringt. Allmählicher Wandel der Formen kann durchaus mit sprunghaften Entwicklungen

---

2 Vgl. Karl Barth, Die Botschaft von der freien Gnade Gottes, Zollikon/Zürich 1947 (ThSt[B] 23), 19.

3 Vgl. Theodor Mahlmann, Art. Reformation, in: HWP 8 (1992), 416–472, hier 421; ders., Ecclesia semper reformanda. Eine historische Aufarbeitung. Neue Bearbeitung, in: Ders., Hermeneutica Sacra. Studien zur Auslegung der Heiligen Schrift im 16. und 17. Jahrhundert, hg. v. Torbjörn Johansson/ Robert Kolb/Johann Anselm Steiger, Berlin/New York 2010 (Historia Hermeneutica, Series Studia 9), 382–441; Emidio Campi, „Ecclesia semper reformanda". Metamorphosen einer altehrwürdigen Formel, in: Zwingliana 37 (2010), 1–20; Christoph Markschies, Aufbruch oder Katerstimmung? Zur Lage nach dem Reformationsjubiläum, Leipzig 2017, 123 ff.

## 1 „Siehe, ich mache alles neu!"

Hand in Hand gehen, für die der auch in den Naturwissenschaften gebräuchliche Begriff der Emergenz steht.[4] Die Begriffe Transformation und Emergenz, die heute beide in Verbindung mit der Reformationsgeschichte gebräuchlich sind, müssen gar keine echte Alternative bilden. In ihrer Komplementarität umreißen sie das Problem von Kontinuität und Diskontinuität in historischen Prozessen. Auch diejenigen, die stärker die frömmigkeitsgeschichtliche Kontinuität zwischen Spätmittelalter und Reformation betonen,[5] werden die systemsprengende Kraft von Luthers Rechtfertigungslehre nicht bestreiten, die am Ende einen neuen Kirchentypus und eine grundlegend neue Sicht des christlichen Glaubens hat entstehen lassen.

Eine evolutionäre Sicht der Kirchengeschichte wirft allerdings die Frage auf, ob man bei den immer neu entstehenden Kirchen und Gemeinschaften noch immer von der einen Kirche im Sinne der altkirchlichen Glaubensbekenntnisse sprechen kann oder nicht. Wenn in der Moderne soziologisch und kulturgeschichtlich zwischen Kirche und Christentum, zwischen evangelischen Kirchen und Protestantismus, römisch-katholischer oder altkatholischer Kirche und Katholizismus unterschieden wird, lautet die Frage, ob man in der Pluralität von Christentümern überhaupt noch von einem gemeinsamen Wesen des Christentums ausgehen kann oder nicht.

Die unterschiedlichen Verwendungen des Transformationsbegriffs setzten verschiedene Bestimmungen des Wesensbegriffs

---

4 Vgl. Berndt Hamm, Die Emergenz der Reformation, in: Ders./Michael Welker, Die Reformation – Potentiale der Freiheit, Tübingen 2008, 1–27.

5 So v. a. Volker Leppin, Transformationen. Studien zu den Wandlungsprozessen in Theologie und Frömmigkeit zwischen Spätmittelalter und Reformation, Tübingen 2015 (dort 25–27 zu Leppins Transformationsbegriffs und seiner Zuordnung zu Hamms Verwendung des Begriffs Emergenz); ders., Die fremde Reformation. Luthers mystische Wurzeln, München 2016.

## 1.2 Narrative und Ontologie der Reformation

voraus. Das gilt auch für seine Verwendung in Verbindung mit der Geschichte des Christentums und der Reformation. Auf die altprotestantische Föderaltheologie lässt sich die Rede von der *substantia christianismi* zurückführen. Daneben findet sich im Pietismus die Rede von der *essentia christianismi*, die nicht in der kirchlichen Lehre und Praxis aufgeht, ohne dass beide Traditionsstränge strikt gegeneinander abzugrenzen wären.[6] Die Historisierung des Christentums in der Aufklärungszeit verschärft einerseits die Frage nach dem Wesen des Christentums als geschichtlichem Kontinuum und führt andererseits zur Historisierung auch des Wesensbegriffs. Johann Salomo Semler erklärt, „keine äußerliche Macht" könne „entscheiden, was zum Wesen der christlichen Religion *für alle Menschen gehört*, sie kann aber erzälen, was in *ihrer Gesellschaft* als dazu gehörig, *angenommen worden ist*"[7].

Dass die konsequente Historisierung des Wesensbegriffs in erkenntnistheoretische und theologische Aporien führt, lässt sich nicht nur bei Troeltsch studieren.[8] Dass ein rein empirischer oder historischer Begriff des Wesens keinen Begriff und kein Wissen um das Christentum begründen kann, hat Schleiermacher in seiner „Kurze[n] Darstellung des theologischen Studiums" klar benannt. Allerdings könne eine Wesensbestimmung des Chris-

---

6 Vgl. Hans Wagenhammer, Das Wesen des Christentums. Eine begriffsgeschichtliche Untersuchung, Mainz 1973 (TTS 2); Friederike Nüssel, Die Umformung des Christlichen im Spiegel der Rede vom Wesen des Christentums, in: Albrecht Beutel/Volker Leppin (Hg.), Religion und Aufklärung. Studien zur neuzeitlichen „Umformung des Christlichen", Leipzig 2004 (AKThG 14), 15–32, hier 17–19.

7 Johann Salomo Semler, Letztes Glaubensbekenntniß über natürliche und christliche Religion, hg. v. Chr. Gottfried Schütz, Königsberg 1792, 344. Vgl. dazu Nüssel, Umformung (wie Anm. 6), 27 f.

8 Siehe v. a. Ernst Troeltsch, Was heißt „Wesen des Christentums"?, in: Ders., Gesammelte Schriften, Bd. 2, Tübingen 1913, 386–451.

tentums auch nicht „rein wissenschaftlich"[9], also auch nicht rein religionsphilosophisch gewonnen werden, sondern nur in einem hermeneutisch-kritischen Prozess. Von einem metaphysischen, zeitlos gültigen Wesensbegriff des Christlichen kann freilich auch bei Schleiermacher nicht mehr die Rede sein.

Kardinal Kurt Koch, Präsident des Einheitsrates und Mitglied der römischen Glaubenskongregation, stellt „in ökumenischer Sicht die grundlegende Frage, ob sich die Reformation des 16. Jahrhunderts in diesem Sinne als Reform der Kirche verstanden oder ob sie nicht doch in einem viel radikaleren Sinn zu einer Wesensveränderung geführt hat"[10]. Die römisch-katholische Kirche hat sich denn auch die Formel von der *ecclesia semper reformanda* nicht zu eigen gemacht. Das Zweite Vatikanische Konzil erklärt stattdessen, die Kirche sei zugleich heilig und stets aufs Neue der Reinigung bedürftig *(ecclesia [...] sancta simul et semper purificanda)*[11]. Dass sie heutzutage, nicht zuletzt durch ihre Verwendung bei Hans Küng, auch in der katholischen Theologie verwendet wird, kann über den feinen Unterschied zwischen der reformatorischen bzw. barthschen Formel und der Aussage des Konzils nicht hinwegtäuschen, wie in jüngerer Zeit Kardinal Walter Kasper zu bedenken gegeben hat.[12]

---

9 Friedirch Schleiermacher, Kurze Darstellung des theologischen Studiums zum Behuf einleitender Vorlesungen. Kritische Ausgabe hg. V. Heinrich Scholz, Darmstadt 51982, § 32 (13).

10 Kurt Koch, The Commemoration of the Reformation as an Ecumenical Opportunity. Towards a joint declaration in Church, Ministry and Eucharist (Text unter www.ekumenia.fi/data/liitteet/2015-04-27_reformationsgedenken_finnland_2015.pdf [letzter Zugriff am 19.9.2019]), 5.

11 Lumen gentium 8,3 (DH4120).

12 Vgl. Walter Kasper, Ökumenisch von Gott sprechen?; in: Ingolf U. Dalferth/Johannes Fischer/Hans-Peter Großhans (Hg.), Denkwürdiges Geheimnis. Beiträge zur Gotteslehre (FS Eberhard Jüngel), Tübingen 2004, 291–302, hier 302.

## 1.2 Narrative und Ontologie der Reformation

Ich möchte die damit implizierte ontologische Frage anhand einiger Beispiele aus der Biologie veranschaulichen. Bekanntlich sind unsere heutigen Vögel Nachfahren der Flugsaurier aus einer anderen erdgeschichtlichen Zeit. Evolution geschieht durch Mutation und Selektion und zeitigt immer wieder Emergenzen. Kann man sagen, Vögel seien ihrem Wesen nach mit Flugsauriern identisch? Oder wie steht es mit dem modernen Homo sapiens und den ihm vorausgehenden Hominiden? Sind sie ihrem Wesen nach identisch? Müsste der Gattung des Australopithecus afarensis, wenn sie heute noch existierte, Menschenwürde zuerkannt werden? Sind Wesensbestimmungen im Tierreich wie in der Kirchengeschichte bloße Konstruktionen, oder haben sie einen Anhaltspunkt im jeweiligen Gegenstand? Ist „Wesensbestimmung als Wesensgestaltung"[13], von der Troeltsch gesprochen hat, radikalkonstruktivistisch zu verstehen, oder setzt solche geschichtliche Wesensgestaltung ein normatives Verständnis des Christentums bzw. – um mit Gerhard Ebeling zu sprechen[14] – einen normativen Begriff vom Wesen des christlichen Glaubens voraus? Gibt es also vielleicht auch in der Kirchengeschichte so etwas wie Resistenzlinien, von denen Umberto Eco in seiner Semiotik spricht,[15] die den Identitätsbestimmungen und Wesenszuschreibungen Grenzen setzen?

Die reformationstheoretische Diskussion wird mit derartigen Fragen in die Debatte um Konstruktivismus und Neuen Realismus geführt. Sie zu vertiefen, würde den mir gesetzten Rahmen sprengen. Die Debatte zur Leistungsfähigkeit des Transformationsbegriffs als reformationshistorisches und systematisch-theologisches Paradigma wie auch zu ihren Grenzen hat

---

13 Troeltsch, Wesen (s. Anm. 8), 428.
14 Vgl. Gerhard Ebeling, Das Wesen des christlichen Glaubens, Freiburg/Basel/Wien ⁶1993.
15 Vgl. Umberto Eco, Kant und das Schnabeltier, München/Wien 2000, 65 ff.

jedenfalls erkenntnistheoretische und ontologische Implikationen, die weiterer Diskussionen bedürfen.

## 1.3 Reformation als Transformation bei Ernst Troeltsch und Emanuel Hirsch

Dass die Begriffe Transformation und Emergenz in Verbindung mit der Reformation des 16. Jahrhunderts nicht zwingend alternativ zu sehen sind, zeigt sich klassisch bei Ernst Troeltsch. Er versteht bekanntlich den Protestantismus, der aus den „Erschütterungen des katholisch-abendländischen Systems hervorging", als „eine Neuformation des Christentumes mit neuen und eigentümlichen Entwickelungen"[16]. Umformung und Sprengung des spätmittelalterlichen katholischen Glaubens- und Kirchensystems erfolgten nach Troeltschs Auffassung in zwei Stufen. Der Protestantismus „ist zunächst in seinen wesentlichen Grundzügen und Ausprägungen eine Umformung der mittelalterlichen Idee, und das Unmittelalterliche, Moderne, das in ihm unleugbar bedeutsam enthalten ist, kommt als Modernes erst voll in Betracht, nachdem die erste und klassische Form des Protestantismus zerbrochen oder zerfallen war"[17]. Systemsprengend – um mit Berndt Hamm zu sprechen[18] – war nach Ansicht Troeltschs Luthers Bruch mit dem katholischen Sakramentsverständnis, genauer gesagt seine „Auflösung des Sakramentsbegriffs"[19]. Was Luther im Zusammenhang seiner Lehre von der

---

[16] Ernst Troeltsch, Protestantisches Christentum und Kirche in der Neuzeit (1906/1909/1922), hg. v. Volker Drehsen/Christian Albrecht, Berlin/New York 2004 (KGA 7), 82.

[17] A. a. O., 87.

[18] Berndt Hamm, Was ist reformatorische Rechtfertigungslehre?, in: ZThK 83 (1986), 1–38, hier 3.

[19] Troeltsch, Protestantisches Christentum (s. Anm. 16), 114.

## 1.3 Reformation als Transformation

Rechtfertigung allein aus Gnade, allein durch den Glauben, allein um Christi willen, allein durch das durch die Heilige Schrift bezeugte Wort Gottes noch an Sakramenten bestehen lässt, nämlich Taufe und Abendmahl, seien „keine eigentlichen Sakramente mehr, sondern nur besondere Darstellungsformen des Wortes"[20]. Der Kirchenbegriff Luthers und der übrigen Reformatoren sei hingegen „nur eine Spiritualisierung und Verinnerlichung des katholischen", mit der Folge einer „ungeheuerlichen Steigerung der supranaturalen Schriftautorität"[21]. Obwohl die Auflösung des Mittelalters längst eingetreten war, führte das Reformationszeitalter „eine zweihundertjährige gewaltige Nachblüte des Mittelalters"[22] herauf, wenngleich man spüre, dass es sich um „ein gebrochenes Mittalter"[23] handelte. Das Neue und Systemsprengende der Reformation, nämlich die protestantische Geistes- und Gesinnungsreligion, der religiöse Individualismus des allgemeinen Priestertums, Gesinnungsethik, Weltbejahung in Folge von Luthers Berufsverständnis und schließlich den Gottesbegriff Luthers sieht Troeltsch allerdings schon in krisenhaften theologischen und kirchlichen Entwicklungen seit dem Ende des 13. Jahrhunderts angebahnt.

Interessanterweise kann Troeltsch sagen, Luther habe „das katholische System durchbrochen"[24], zugleich aber auch von der „Aufhebung der mittelalterlichen Idee im Protestantismus"[25] sprechen, wobei der Begriff der Aufhebung im hegelschen Sinne eine dialektische Bedeutung hat. Troeltschs differenzierte ideengeschichtliche Analyse der Reformation lässt sich nicht auf den

---

20 Ebd.
21 A. a. O., 111.
22 Ebd.
23 Ebd.
24 A. a. O., 116.
25 A. a. O., 111 (im Original kursiv).

Begriff der Umformung oder Transformation verkürzen. Um die Bedeutung der Reformation in ihrer Gesamtheit zu erfassen, ist der Transformationsbegriff für Troeltsch wohl notwendig, aber keineswegs hinreichend.

Emanuel Hirsch teilt Troeltschs Auffassung, die Aufklärung markiere die Zäsur zwischen der letztlich noch dem Spätmittelalter zuzuordnenden Reformation und dem Neuprotestantismus. Er deutet freilich den Transformationsprozess des Protestantismus in der Moderne seit etwa 1850 als fortdauernde Krise, die mit der Dauerkrise der Moderne zusammenfällt.[26] Die Gründe dafür liegen nach Ansicht Hirschs in den Folgen der Französischen Revolution und dem Auseinandertreten von christlichem und humanem Wahrheitsbewusstsein,[27] wodurch der Prozess einer Anverwandlung des Christentums an die Aufklärung schwer erschüttert wurde. Hirschs Begriff der Umformungskrise ist in jüngerer Zeit vor allem bei Falk Wagner auf fruchtbaren Boden gefallen, dessen letztes Werk interessanterweise den Titel „Metamorphosen des modernen Protestantismus" trägt.[28] Umformung im Sinne von Transformation und Metamorphose sind aber, wie schon eingangs festgestellt, nicht unbedingt identisch.

---

26 Vgl. Emanuel Hirsch (Hg.), Die Umformung des christlichen Denkens in der Neuzeit. Ein Lesebuch. Mit Nachwort u. bibliographischem Anhang hg. v. Hans Martin Müller, Tübingen/Goslar 1985; ders., Das Wesen des Christentums, Weimar 1939; Hans-Martin Müller (Hg.), Christliche Wahrheit und neuzeitliches Denken. Zu Emanuel Hirschs Leben und Werk, Tübingen/Goslar 1984; Arnulf von Scheliha, Emanuel Hirsch als Dogmatiker. Zum Programm der „Christlichen Rechenschaft" im „Leitfaden zur christliche Lehre" (TBT 53), Berlin/New York 1991, 165–181.

27 Vgl. Hirsch, Wesen (s. Anm. 26); vgl. Scheliha, Hirsch (s. Anm. 26), 128–143.

28 Vgl. Falk Wagner, Metamorphosen des modernen Protestantismus, Tübingen 1999; ders., Geht die Umformungskrise des deutschsprachigen modernen Protestantismus weiter?, in: ZNThG 2 (1995), 225–254.

## 1.3 Reformation als Transformation

Wird die Geschichte des Christentums wie diejenige des Protestantismus und seiner zahlreichen Spielarten als eine Geschichte fortlaufender Metamorphosen gedacht, wird das protestantische Prinzip des „semper reformanda" prinzipialisiert, zugleich aber möglicherweise auch entleert. Paul Tillich schrieb 1962: „Der ewige Protest kann dazu führen, daß jeder konkrete Inhalt beseitigt wird. [...] Das liberale Christentum hat nicht nur Kritik an der Religion geübt, es hat die Religion aufgelöst."[29] Deshalb stellte Tillich dem protestantischen Prinzip die katholische Substanz zur Seite und erklärte, das eine sei nicht ohne das andere zu haben, wenn der christliche Glaube nicht völlig entleert werden solle.

Findet das sogenannte protestantische Prinzip nicht an den Grundeinsichten der Reformation des 16. Jahrhunderts sein Maß, verliert auch der Begriff der Reformation seinen spezifischen Inhalt. Dann kann man, wie es derzeit in der Geschichtsforschung geschieht, von einer Vielzahl von Reformationen sprechen. Gemeint ist nicht etwa nur der Umstand, dass die Reformation des 16. Jahrhunderts eine plurale Erscheinung war, weshalb man von mehreren reformatorischen Bewegungen spricht, deren innere Einheit Gegenstand reformationstheoretischer Diskussionen ist.[30] Der amerikanische Historiker Carlos M.N. Eire bezeichnet auch die katholische Reform als Reformation,[31] wodurch freilich der Umstand verdunkelt wird, dass die katholische Reform eben gerade nicht jene systemsprengende Kraft wie die Bewegung

---

29 Paul Tillich, Der Protestantismus als Kritik und Gestaltung (GW VII), Stuttgart 1962, 136.

30 Vgl. Bernd Hamm/Bernd Moeller/Dorothea Wendebourg, Reformationstheorien. Ein kirchenhistorischer Disput über Einheit und Vielfalt der Reformation, Göttingen 1995. Siehe auch Ulrich H. J. Körtner, Reformatorische Theologie für das 21. Jahrhundert (ThSt NF 1), Zürich 2010, 13–20.

31 Carlos M. N. Eire, Reformations. The Early Modern World, 1450–1650, New Haven 2016.

oder die Bewegungen hatte, die in Luthers Theologie ihren Kristallisationskern fanden, weshalb Reformation und sonstige Kirchenreformen nicht nur graduell, sondern kategorial unterschieden sind. Dieser Umstand wird auch vernebelt, wenn in beiden Fällen unisono von Transformationen oder Metamorphosen gesprochen wird.

## 1.4 Reformation als Revolution

Eire beschreibt die durch Luther ausgelöste Reformation freilich auch als Paradigmenwechsel im Sinne von Thomas S. Kuhn, für den er den Begriff der Revolution verwendet: "At the very core, the Protestant Reformation is above all a metaphysical and an epistemic revolution, a new way of interpreting reality and of approaching the ultimate. To put it in the simplest terms, the Protestant Reformation transformed the nature of religion itself, especially of religion as it is lived out."[32]

Auch Ingolf U. Dalferth spricht im Zusammenhang mit der Reformation von einer Revolution. Er vertritt die These, die Reformation sei nicht ausschließlich als historisches Ereignis zu verstehen, sondern entscheidend „als spirituelle Revolution zu würdigen"[33]. In Aufnahme einer berühmten Formel Kants spricht Dalferth von der „reformatorischen Revolution der christlichen Denkungsart"[34]. Der Schlüssel zur grundlegenden Neu- und Umorientierung des christlichen Glaubens- und Wirklichkeitsverständnisses liegt nach Dalferths Überzeugung „nicht in den immanenten Unterscheidungen zwischen Kirche und Staat, Katholiken und Protestanten oder Religiösem und Säkularem,

---

32 Vgl. a. a. O., 744.
33 Ingolf U. Dalferth, God first. Die reformatorische Revolution der christlichen Denkungsart, Leipzig 2018, 27.
34 A. a. O., 33.

sondern vielmehr in der theologisch fundamentalen Unterscheidung zwischen Schöpfer und Schöpfung"[35]. Während die kantische Revolution in der Denkungsart darauf setze, dass die Wende zum Besseren beim Menschen beginne, vertraue die Reformation auf eine Wende zum Guten, die einzig und allein bei Gott beginne.

Tatschlich lässt sich Luthers Gnadenlehre mit all ihren systemsprengenden Konsequenzen für die spätmittelalterliche katholische Kirche auf die Formel „solus Deus – Gott allein" bringen.[36] Für ein systematisch-theologisches Verständnis der Reformation des 16. Jahrhunderts und ihrer bleibenden Bedeutung ist entscheidend, wieweit die Reformation der Kirche grundsätzlich als ein Handeln Gottes begriffen werden kann und muss. Die von Karl Barth geprägte Formel „Ecclesia semper reformanda" steht eben nicht für den „ewigen Protest"[37], nicht für einen Protestantismus als Prinzip und auch nicht für menschliche Reformprogramme, sondern für Gottes erneuerndes Handeln an seiner Kirche und an den einzelnen Menschen. Barths Formel ist der Theologie Luthers kongenial, der sich selbst nicht als Reformator, sondern lediglich als Vorreformator verstanden hat, welcher wie Johannes der Täufer auf Christus und sein Wort, nämlich das Evangelium von der freien Gnade Gottes, verweist. Der eigentliche Reformator der Kirche ist und bleibt für Luther Gott allein.[38]

Die lutherische Orthodoxie hat dieser Einsicht übrigens durch ein eigenes Lehrstück „De vocatione Beati Lutheri" Rech-

---

35 A. a. O., 29 f.

36 Vgl. a. a. O., 35 ff.

37 Vgl. Jörg Lauster, Der ewige Protest. Reformation als Prinzip, München 2017.

38 Vgl. Heiko A. Oberman, Martin Luther – Vorläufer der Reformation, in: Ders., Die Reformation. Von Wittenberg nach Genf, Göttingen 1986, 162–188.

## 1 „Siehe, ich mache alles neu!"

nung getragen.³⁹ Luthers Wirken wurde eben nicht als menschliches Werk, sondern als Wirken Gottes begriffen. Man kann darin ideologiekritisch eine Überhöhung der Person Luthers sehen – oder aber einen Ausdruck der Glaubensüberzeugung, dass in der Neuentdeckung des Evangeliums von der freien Gnade Gottes dieser Gott sich selbst auf neue und befreiende Weise mitgeteilt hat.⁴⁰ Wer sich mit der Geschichte der Reformation im 16. Jahrhundert beschäftigt, kann dies selbstverständlich aus rein historischer Perspektive tun. Dann ist nicht von Gott und seinem Handeln die Rede, sondern von Menschen, die geglaubt und gelebt haben, *etsi Deus daretur*. Systematisch-theologisch betrachtet aber nötigen die Reformation und die in ihr gewonnenen theologischen Einsichten zur Stellungnahme. Wo aber die Geltungsfrage für Einsichten reformatorischer Theologie gestellt wird, ist nicht nur von Gottesgedanken und Gottesbildern zu reden, sondern von Gott selbst.

### 1.5 Aus alt mach neu

Ein Schlüsselbegriff in Verbindung mit der historischen und systematisch-theologischen Interpretation der Reformation ist die Kategorie des Neuen, und zwar gerade auch dann, wenn die Reformation als Werk Gottes begriffen wird, wie es Luther tat.

In der Erklärung seiner Ablassthesen von 1517 schreibt Luther 1518 zu These 89: „Die Kirche bedarf einer Reformation (lateinisch: *ecclesia indiget reformatione*) und diese ist nicht Werk eines einzigen Menschen, des Papstes, noch auch vieler Kardinäle, wie beides das jüngste Konzil erwiesen hat, sondern der ganzen Welt,

---

39 Vgl. Johann Gerhard, Loci Theologici, Jena 1610–1622, Locus XXIV, Caput III, Sectio VIII, §§ CXVIII–CXVI.

40 Vgl. auch Oswald Bayer, Uns voraus. Bemerkungen zur Lutherforschung und Lutherrezeption, in: LuJ 84 (2017), 170–189, hier 188.

ja Gottes allein. Die Zeit aber, wann solche Reformation vor sich gehen wird, kennt nur der, der die Zeit geschaffen hat."[41] Nun handelt es sich um eine Aussage aus den Anfängen der Reformation. Sie scheint mir aber für Luthers Verständnis derselben von grundsätzlicher Bedeutung zu sein. Nicht nur, weil sie die grundlegende Reformation der Kirche als alleiniges Werk Gottes versteht, sondern auch, weil sie diese in einen Zeithorizont stellt, den man als eschatologisch bezeichnen muss. Die Reformation der Kirche ist als Werk Gottes ein eschatologisches Geschehen.

In Verbindung mit diesem Geschehen ist nun aber der Begriff des Neuen am Platz, der freilich ebenso erklärungsbedürftig wie strittig ist. Die orthodoxen Ostkirchen lehnen die Reformation bekanntlich bis heute als unzulässige Neuerung ab, als *neoterismós*, der von der kanonischen Tradition der Kirchenväter abweicht. Modernes Denken hält dagegen die permanente Erneuerung in allen Lebensbereichen für notwendig. Selbst der politische Konservatismus geht heutzutage davon aus, dass das Bewahrenswerte nur dann lebendig bleibt, wenn es mit Erneuerungen und Reformen in Gesellschaft und Politik einhergeht, frei nach dem Motto: Nur wer sich ändert, bleibt sich treu.

Was heute neu ist, kann freilich morgen schon wieder veraltet sein. Die Moderne als Prozess fortlaufender und beschleunigter Prozesse der Transformation und der Innovation operiert mit einem Begriff des Neuen und der Erneuerung, der das permanente Altern und Veralten voraussetzt. Erneuerung und Veralten sind zwei Seiten derselben Medaille. Darum kann man ebenso gut behaupten, es werde ständig alles neu, wie dass es im Grund nichts Neues unter der Sonne gibt. Oder um es mit dem Musiker Herbert Grönemeyer zu sagen: „Bleibt alles anders"[42].

---

41 WA 1, 627 (Übersetzung: Markschies, Aufbruch [s. Anm. 3], 126).
42 Text unter https://www.google.com/search?q=gr%C3%B6nemeyer+bleibt+alles+anders+text&ie=utf-8&oe=utf-8 (letzter Zugriff: 13.3.2024).

## 1 „SIEHE, ICH MACHE ALLES NEU!"

Luther und die Reformatoren verstanden die Reformation als Einbruch des Neuen, das von Gott her kommt. In der Reformation der Kirche an Haupt und Gliedern erfüllte sich anbruchhaft jene Verheißung, die in der Johannesapokalypse als Wort des erhöhten Christus zitiert wird: „Siehe ich mache alles neu" (Apk 21,5). In seiner Auslegung von Koh 1,9 erklärt Luther, die Geburt Christi, noch dazu von einer Jungfrau, sei etwas völlig Neues, das sich innerweltlich nicht ableiten lässt. Unter Verweis auf Apk 21,5 erklärt Luther, Koh 1,9 gelte nicht für Gott und sein Wirken. „Gott schafft immer Neues, wir nicht (*Deus semper facit nova, nos non*)."[43] Luther kommt sodann auf das Wirken des Heiligen Geistes in den Glaubenden zu sprechen, durch die der gerechtfertigte Sünder, in dem zeitlebens noch immer der alte Adam steckt, inwendig erneuert wird. Das eschatologische Geschehen der Reformation kommt dort zum Ziel, wo Gott in den Menschen den allein rechtfertigenden Glauben wirkt, so dass er, wie Paulus in 2Kor 5,17 schreibt, ein neues Geschöpf wird.

Das eschatologische Neue ist nicht die Verwirklichung einer in der Vergangenheit und im Vorhandenen angelegten Möglichkeit, sondern eine Möglichkeit, die der vorfindlichen Wirklichkeit von Gott her zugespielt wird. Reformation in diesem Sinne ist nicht das *futurum* der Kirche, sondern Gottes *adventus*.[44]

In Hamburg wurde das Reformationsjubiläum 2017 unter dem Motto begangen: „Aus alt mach' neu".[45] Man kann diese Sentenz als Umschreibung des Begriffs der Transformation verstehen. Theologisch kommt freilich alles darauf an, wer als Sub-

---

43 WA 20, 25, 1.
44 Vgl. Ulrich H. J. Körtner Die letzten Dinge (Theologische Bibliothek 1), Neukirchen-Vluyn 2014, 53–67.134–140.
45 Vgl. https://www.hamburger-reformation.de/hier-heute/aus-alt-mach-neu (letzte Zugriff: 19.9.2019).

jekt solcher Transformation begriffen wird, weil davon abhängt, wie neu eigentlich das Neue ist, das aus dem Alten durch Umwandlung entsteht. Als historische Kategorie wird Transformation wohl so zu verstehen sein, dass sie eine Möglichkeit realisiert, der gegenüber die bestehende Wirklichkeit den Primat hat. Im eschatologischen Horizont aber ist von Transformation so zu sprechen, dass es sich um eine Umformung im Raum des Möglichen handelt, der den Primat gegenüber der Wirklichkeit hat. Als eschatologisches Geschehen ist Transformation eben nicht gleichzusetzen mit „Wandel auf der Basis von Kontinuität", sondern als Umwandlung, bei der Kontinuität auf paradoxe Weise mit radikaler Diskontinuität einhergeht.[46]

Als eschatologisches Geschehen ereignet sich Reformation jenseits von Reform und Transformation. In diesem Sinne gilt, dass die Reformation kein historisches Ereignis der Vergangenheit ist, das inzwischen durch einen garstig breiten Graben von uns getrennt ist, auch nicht eine beständige Aufgabe für die Menschen, die der Kirche angehören oder sich dem Christentum zugehörig fühlen, sondern Gottes erneuerndes Handeln an seiner Kirche und an den einzelnen Menschen, das erbeten und in der Haltung einer wartenden Theologie erhofft werden darf. Theologie, die sich mit letzter Redlichkeit einer Situation stellt, in welcher der christliche Glaube längst nicht mehr fraglos gegeben und in der die tradierte Glaubenssprache brüchig geworden ist, ist wartende Theologie.[47] Reformatorisch ist eine Theologie, die das Erbe des biblischen Zeugnisses hütet, getragen von der durch

---

46 Vgl. auch Gal 2,20.
47 Vgl. auch Hartmut Rosenau, Vom Warten – Grundriss einer sapientialen Dogmatik. Neue Zugänge zur Gotteslehre, Christologie und Eschatologie (Lehr- und Studienbücher zur Theologie 8), Berlin/Münster 2012; Ulrich H. J. Körtner, Wie der christliche Glaube neu werden kann, in: Christ in der Gegenwart 70 (2018), 105 f.

die Erfahrung der Reformatoren genährte Hoffnung, dass es neu zu sprechen beginnt, in einer neuen Sprache, „vielleicht ganz unreligiös, aber befreiend und erlösend, wie die Sprache Jesu, daß sich die Menschen über sie entsetzen und doch von ihrer Gewalt überwunden werden"[48].

---

48 Dietrich Bonhoeffer, Widerstand und Ergebung. Briefe und Aufzeichnungen aus der Haft, hg. v. Christian Gremmels u. a., Gütersloh 1998 (DBW 8), 436. Vgl. dazu Ulrich H. J. Körtner, Theologie in dürftiger Zeit. Ein Essay, München 1990 (KT 75); ders., „... auf die Anfänge des Verstehens zurückgeworfen". Was ich von Dietrich Bonhoeffer gelernt habe, in: Andreas Klein/ Matthias Geist (Hg.), „Bonhoeffer weiterdenken ...". Zur theologischen Relevanz Dietrich Bonhoeffers (1906–1945) für die Gegenwart (Theologie: Forschung und Wissenschaft 21), Wien 2006, 1–16.

# 2 Das gemeinsame Verständnis des Evangeliums und die Rechtfertigungslehre

## 2.1 Verständnis und Verstehen

Grund und Auftrag der Kirche des Wortes, so stellten wir in der Einleitung fest, ist die Botschaft von der freien Gnade Gottes (Barmen VI), die im Neuen Testament als Evangelium bezeichnet wird. Ihre Offenbarung und Verkündigung ist, wie wir im vorigen Kapitel ausgeführt haben, als eschatologisches Geschehen zu begreifen, das heißt als Gottes letztes und befreiendes Wort, durch das die Welt von Grund auf neu werden soll. Darin stimmen die aus der Reformation hervorgegangenen Kirchen überein.

Historisch betrachtet ist es aber darüber, wie dieses letzte und letztgültige Wort Gottes zu verstehen ist, zu tiefgreifenden Auffassungsunterschieden gekommen, die sich kirchentrennend nicht nur zwischen römisch-katholischer Kirche und den Kirchen der Reformation, sondern auch zwischen denselben auswirkten. Erst mit der Leuenberger Konkordie aus dem Jahr 1973 ist es den reformatorischen Kirchen gelungen, ein gemeinsames Verständnis des Evangeliums zu formulieren, durch welches die wechselseitigen Lehrverurteilungen des 16. Jahrhunderts überwunden wurden. Worin nun aber das gemeinsame Verständnis des Evangeliums besteht, soll im Folgenden ausführlich untersucht werden.

Für die Analyse der einschlägigen Aussagen der Leuenberger Konkordie und von seither in der Gemeinschaft Europäischer Kirchen in Europa (GEKE) erarbeiteten weiteren Lehrgesprächs-

## 2 Das gemeinsame Verständnis des Evangeliums

texten ist es wichtig, hermeneutisch zwischen Verständnis und Verstehen zu unterscheiden. Im Englischen lässt sich die Unterscheidung schwieriger als im Deutschen treffen, weil sowohl das Wort *Verstehen* als auch der Ausdruck *Verständnis* mit *understanding* übersetzt werden. Während jedoch das Verstehen ein aktueller Vorgang und Prozess ist, handelt es sich beim Verständnis um das Resultat des Verstehensvorgangs, wenngleich jedes Verständnis immer nur ein vorläufiges Ergebnis ist und seinerseits zum Gegenstand eines neuen Verstehensvorgangs wird. Das gemeinsame *Verständnis* kann in einem schriftlichen Text wie beispielsweise der Leuenberger Konkordie versprachlicht werden, das gemeinsame *Verstehen* hingegen nicht. Außerdem liegt jedem gemeinsamen Verständnis immer auch in gewissem Ausmaß ein *Anders*verstehen zu Grunde, und wiederum wird auch das Verstehen, das das sprachlich artikulierte gemeinsame Verständnis zum Gegenstand und Ausgangspunkt eines neuen oder fortgesetzten Verstehensprozesses ist, ein fortgesetztes Andersverstehen sein, das gegebenenfalls wieder die sprachliche Fixierung eines neuen oder vertieften gemeinsamen Verständnisses dessen ist, was man in der Vergangenheit gemeinsam verstanden zu haben glaubt.

Genau das ist die Dynamik fortgesetzter Lehrgespräche in der Leuenberger Kirchengemeinschaft – heute Gemeinschaft Evangelischer Kirchen in Europa, die bereits in der Leuenberger Konkordie selbst ausdrücklich angelegt ist. Sie ist auch deshalb unvermeidlich und unabschließbar, weil die realen Personen, die sich einst über ein gemeinsames Verständnis des Evangeliums verständigt haben, großteils schon gar nicht mehr leben. Diejenigen, die sich heute – 50 Jahre nach ihrer Unterzeichnung – mit der Leuenberger Konkordie als Ausdruck eines gemeinsamen Verständnisses des Evangeliums auseinandersetzen, sind ganz andere Menschen. Sie gehören einer anderen Generation und einer anderen Zeit an. So ist eben jede neue Interpretation,

Applikation und Fortschreibung des Textes von 1973 ein Andersverstehen.

In einem Vortrag anlässlich des 50-jährigen Jubiläums der Leuenberger Konkordie hat Christiane Tietz die Kirche als Überlieferungsgemeinschaft, als Interpretationsgemeinschaft und als Hörgemeinschaft beschrieben.[1] Seit der Unterzeichnung der Konkordie hat eine spezifische Leuenberg-Traditionsbildung stattgefunden, und das nicht nur in Gestalt der fortgesetzten Lehrgespräche zu dogmatischen Themen, sondern seit 2001 auch zu Fragen der Ethik im Allgemeinen wie zu den Grundlagen und der Methodik einer europäischen protestantischen Sozialethik im Besonderen.[2] Beim Begriff der Tradition liegt der Akzent auf dem Begriff des gemeinsamen *Verständnisses*. Wenn es aber um die Kirche als Interpretations- und Hörgemeinschaft geht, liegt der Akzent auf dem gemeinsamen Verstehen.

## 2.2 Ekklesiologische Implikationen und Konsequenzen gemeinsamen Verstehens

Ist vom gemeinsamen Verständnis und Verstehen des Evangeliums die Rede, also vom Verstehen in der Gemeinschaft, stellt sich die Frage nach den ekklesiologischen Implikationen und Konsequenzen. Die Traditions-, Interpretations- und Hörgemeinschaft, um die es hier geht, ist die Kirche, genauer: eine Gemeinschaft von Kirchen, deren ekklesialer Charakter Gegenstand systematisch-theologischer Reflexion wie auch von Lehrgesprächen in-

---

1 Vgl. Christiane Tietz, Gemeinsames Verständnis und gemeinsames Verstehen, Vortrag im Rahmen der Tagung 50 Years Leuenberg Agreement, 9.–11. März 2023, Reformierte Theologische Universität Debrecen (Abstract: https://lk50.reformatus.hu/abstract-christiane-tietz/; letzter Zugriff: 13.3.2024).

2 Vgl. Michael Bünker/Frank-Dieter Fischbach/Dieter Heidtmann (Hg.), Evangelisch in Europa. Sozialethische Beiträge (LT 15), Leipzig 2013.

## 2 Das gemeinsame Verständnis des Evangeliums

nerhalb der GEKE ist. Erwähnt seien nur die Studien Die Kirche Jesu Christi (1994)³ und Kirchengemeinschaft (2018)⁴.

Letztere bestimmt Kirchengemeinschaft als Gemeinschaft im Gottesdienst und im Lehren, als Gemeinschaft in wachsender Gestaltwerdung sowie als Zeugnis- und Dienstgemeinschaft. Gegenüber der Trias bei Christiane Tietz fällt auf, dass vom Hören schwächer als vom Lehren gesprochen wird. Zwar heißt es in Abschnitt 1.3.1: „Kirchengemeinschaft erwächst aus der Begegnung zwischen dem Zeugnis des Evangeliums und den Menschen." Aber der Begriff des Hörens wird eben nicht ausdrücklich verwendet, im Unterschied etwa zu Karl Barths Kirchlicher Dogmatik, welche die Kirche zunächst zu neuem Hören aufruft, bevor sie sich zu neuem Lehren berufen weiß.⁵ Im GEKE-Dokument Kirchengemeinschaft liegt der Akzent auf dem gemeinsamen Lehren (vgl. auch Abschnitt 4.2), auch wenn gesagt wird, „das Verständnis kirchlicher Einheit als Gottesdienstgemeinschaft" sei „das hermeneutische Prinzip aller Arbeit innerhalb der GEKE" (Nr. 96). In Anbetracht der heutigen Nöte in der Verkündigung und ihrer Sprache ist es meines Erachtens an der Zeit, dem gemeinsamen Hören vermehrte Aufmerksamkeit zu widmen.

Während Tietz neben der Hörgemeinschaft von der Kirche als Traditions- und Interpretationsgemeinschaft spricht, unterscheidet die Studie Kirchengemeinschaft zwischen Tradition und Rezeption. Rezeption aber wird als Akt der Zustimmung, vor allem aber der geistlichen Annahme und Übernahme des zu Rezipierenden bestimmt (Nr. 76), wobei das Dokument nicht die

---

3 Vgl. Michael Bünker/Martin Friedrich (Hg.), Die Kirche Jesu Christi. Der reformatorische Beitrag zum ökumenischen Dialog über die kirchliche Einheit (LT 1), Leipzig ⁵2018.

4 Vgl. Mario Fischer/Martin Friedrich (Hg.), Kirchengemeinschaft. Grundlagen und Perspektiven (LT 16), Leipzig 2019.

5 Vgl. Karl Barth, Kirchliche Dogmatik (=KD), Zollikon-Zürich 1932 ff. I/2, 890 (§ 23) und KD I/2, 943 (§ 24).

## 2.2 Ekklesiologische Implikationen

biblischen Texte, sondern die Ergebnisse von Lehrgesprächen und ökumenischen Dialogen im Blick hat. Es fällt allerdings auf, dass das Wortfeld „Interpretieren/Interpretation" im gesamten Text nicht vorkommt. Lediglich an einer Stelle ist beiläufig von „Konflikte[n] in Auslegungsfragen" die Rede (Nr. 63). Ich hielte es für wünschenswert, das Gespräch in der GEKE über Hermeneutik und Ekklesiologie zu vertiefen.

Es ist das gemeinsame Verständnis des Evangeliums, wie es in der Leuenberger Konkordie dargelegt wird, das Kirchengemeinschaft im Sinne von Kanzel- und Abendmahlsgemeinschaft ermöglicht hat. Im gemeinsamen Verstehen und dem gemeinsam artikulierten Verständnis wird die Kirchengemeinschaft, also das gemeinsame Kirchesein, als bereits in Christus gegeben erkannt. Einander Kirchengemeinschaft zu gewähren (LK 29) ist somit kein willkürlicher Entschluss, sondern der Vollzug dessen, was im gemeinsamen Verstehen als Gabe entdeckt worden ist. Kirchengemeinschaft zu verwirklichen (LK 35), bedeutet, dass der Prozess des gemeinsamen Geschehens fortgesetzt wird. Die Vertiefung der bestehenden Kirchengemeinschaft und die auf diesem Weg sich einstellenden Fortschritte sind zugleich ein *Bleiben* in dieser Kirchengemeinschaft, verstanden als Traditions-, Interpretations- und Hörgemeinschaft, ganz im Sinne von Apg 2,42: „Sie blieben aber beständig in der Lehre der Apostel und in der Gemeinschaft und im Brotbrechen und im Gebet."

Nun ist von der *Kirche* als Traditions-, Interpretations- und Hörgemeinschaft die Rede. Nach reformatorischem Verständnis ist sie die Gemeinschaft respektive die Versammlung aller Glaubenden – lateinisch: die *congregatio sanctorum* –, „bei welchen das Evangelium rein gepredigt und die heiligen Sakrament lauts des Evangelii gereicht werden" (CA VII)[6]. Auf diese Bestimmung

---

6 Die Bekenntnisschriften der evangelisch-lutherischen Kirche (=BSLK). Göttingen, 5. Aufl. 1963, 61,5-7.

## 2 Das gemeinsame Verständnis des Evangeliums

der Kirche bezieht sich sinngemäß LK 2, und durchgängig wird CA VII in GEKE-Dokumenten als Basis des eigenen Kirchenverständnisses zitiert.

Nun ist die Versammlung aller Gläubigen eine Versammlung von Einzelpersonen. Die GEKE ist aber nicht die bloße Addition von Einzelkirchen, die je für sich eine Versammlung von Gläubigen um Wort und Sakrament sind, sondern eine Gemeinschaft (communio; englisch communion, französisch communion) von Kirchen. Was aber bedeutet es für die Hermeneutik des Evangeliums, wenn wir über Kirchen als kollektive Subjekte des gemeinsamen Verstehens und des gemeinsamen Verständnisses des Evangeliums nachzudenken haben?

Laut LK 34 sind die an der Leuenberger Konkordie beteiligten Kirchen „der Überzeugung, daß sie gemeinsam an der einen Kirche Jesu Christi teilhaben". Die eine Kirche Jesu Christi besteht offenbar nicht nur aus den getauften einzelnen Gläubigen, sondern auch aus Kirchen, die man wohl mit einem aus dem römisch-katholischen Sprachgebrauch geläufigen Terminus als Teilkirchen bezeichnen kann. Was aber bedeutet es für eine hermeneutische Theorie des gemeinsamen Verständnisses und Verstehens des kirchengründenden Evangeliums, wenn nicht nur Individuen, sondern auch Kirchen als Gemeinschaften – und das heißt doch immer auch, modern gesprochen, als Institutionen und Organisationen zu Subjekten von Interpretations- und Rezeptionsprozessen werden? Und was bedeutet es, wenn das gemeinsame Verstehen der Kirchen immer auch ein kollektives Andersverstehen ist?

Inwiefern berühren zum Beispiel bilaterale ökumenische Dialoge und Vereinbarungen, die von Mitgliedskirchen der GEKE abgeschlossen werden, das in der Leuenberger Konkordie grundlegend artikulierte gemeinsame Verständnis des Evangeliums? Inwieweit ist in solchen Dialogen die Frage stets präsent, welche möglichen Konsequenzen diese für die Leuenberger Kirchengemeinschaft – ich verwende hier aus systematischen Gründen mit Bedacht den vormaligen Namen der GEKE – hat? Inwieweit werden auch spätere Lehrgespräche und ihre Ergebnisse, die das gemeinsame Verständnis des Evangeliums unter veränderten Bedingungen und Fragestellungen auf neue Weise ausdrücken, präzisieren, vertiefen oder möglicherweise korrigieren, in bi- oder multikonfessionellen Dialogen, welche die Grenzen der GEKE-Kirchengemeinschaft überschreiten, konstitutiv mitbedacht und auch ausdrücklich benannt? Solche Fragen werden in der Studie *Kirchengemeinschaft* (2018) im Blick auf die Porvoo-Gemeinschaft (Nr. 129) und die konfessionellen Weltbünde (Nr. 130) angesprochen. Sie bedürfen aber zweifellos weiterer Klärung.

## 2.3 Evangelium und Rechtfertigungslehre

Meine Erörterung legt den Schwerpunkt weniger auf die fortlaufenden Prozesse gemeinsamen Verstehens als auf das gemeinsame Verständnis des Evangeliums, das freilich, wie bereits ausgeführt, seinerseits immer wieder neu zum Gegenstand gemeinsamer Verstehensprozesse wird. Sobald es nun darum geht, das Evangelium inhaltlich zu bestimmen, kommt die Leuenberger Konkordie auf die Rechtfertigungslehre zu sprechen. LK 7 erklärt: „Das Evangelium ist die Botschaft von Jesus Christus, dem Heil der Welt, in Erfüllung der an das Volk des Alten Bundes ergangenen Verheißung", um sogleich in LK 8 hinzuzufügen: „Sein rechtes Verständnis haben die reformatorischen Väter in der Lehre von der Rechtfertigung zum Ausdruck gebracht."

Dies ist nun eine gleichermaßen historische wie normative Aussage. Historisch, insofern man tatsächlich sagen kann, dass die Väter (und Mütter) der Reformation, den Grundsinn des Evangeliums in der paulinischen Rechtfertigungslehre gefunden haben. Wenn die *Confessio Augustana* (CA), Art. VII erklärt, in der wahren Kirche werde das Evangelium *rein* gepredigt

## 2 Das gemeinsame Verständnis des Evangeliums

(lateinisch: *pure docetur*), ist die Rechtfertigungslehre das Kriterium solcher Reinheit (vgl. CA IV). Prüfstein der Reinheit ist laut CA VII übrigens auch, dass das Evangelium „einträchtiglich nach reinem Verstand"[7] gepredigt wird (lateinisch: *consentire de doctrina evangelii*). Es ist mit anderen Worten ein gemeinsames Verständnis des Evangeliums ein Kennzeichen der wahren Kirche.

Normativ ist die Aussage in LK 8, weil sie sich das reformatorische Kriterium der reinen Evangeliumsverkündigung für die Gegenwart zu eigen macht. Die Feststellung, die reformatorischen Väter hätten in der Lehre von der Rechtfertigung des Sünders das rechte Verständnis des Evangeliums zum Ausdruck gebracht, ist keine historische Beschreibung, sondern eine evaluative, bekenntnismäßige Aussage.

Im Folgenden befasse ich mich nun mit dieser für die GEKE maßgeblichen Lehraussage, nach welcher die reformatorische Rechtfertigungslehre die grundlegende Gestalt des rechten Evangeliumsverständnisses ist. Ich beleuchte zunächst ihren historischen Kontext (2.4), und beschreibe sodann den Ort der Rechtfertigungslehre innerhalb der Leuenberger Konkordie (2.5), bevor ich die rechtfertigungstheologischen Aussagen der Leuenberger Konkordie in systematischer Hinsicht untersuche (2.6). Abschließend frage ich nach der Gegenwartsbedeutung der Rechtfertigungslehre (2.7).

### 2.4 Historische Einordnung

Aus heutiger Sicht scheint das gemeinsame Verständnis des Evangeliums und der Rechtfertigung unter den Kirchen der Reformation völlig unstrittig zu sein. Seit der Verabschiedung der Leuenberger Konkordie im März 1973 war die Rechtfertigungslehre kein Thema von Lehrgesprächen, die auf der Grundlage von

---

[7] BSLK 61,9 f.

LK 37–41 geführt wurden und werden. Dabei heißt es in LK 38 ausdrücklich, das „gemeinsame Verständnis des Evangeliums, auf dem die Kirchengemeinschaft beruht", müsse „weiter vertieft, am Zeugnis der Heiligen Schrift geprüft und ständig aktualisiert werden". Und tatsächlich war die Rechtfertigungslehre während der Beratungen, die schließlich zur Leuenberger Konkordie führten, alles andere als unstrittig. In den ersten Entwürfen wird das Thema vermieden. Erst später wurde es von einer Arbeitsgruppe aufgegriffen. Wilhelm Neuser weiß aufgrund der vorliegenden Quellen zu berichten: „Kein Problem ist in Leuenberg 1971 ausführlicher verhandelt worden, als die Einbeziehung der Rechtfertigung in die Verkündigung des Evangeliums. Dazu trug bei, daß das Verhältnis des Evangeliums bzw. der Rechtfertigung zum Dienst an der Welt in die Diskussion einbezogen wurde und ebenso das Thema Verkündigung und Amt."[8]

Unter den Themen für die theologische Weiterarbeit führt LK 39 unter anderem das Verhältnis von Gesetz und Evangelium an. Tatsächlich hat die Gemeinschaft Evangelischer Kirchen in Europa (GEKE) – bis 2003 Leuenberger Kirchengemeinschaft – 2001 eine Studie zum Thema „Gesetz und Evangelium abgeschlossen.[9] Diese erörtert das Verhältnis von Evangelium und Gesetz nicht nur, aber doch auch im Blick auf die Entscheidungsfindung in ethischen Fragen, was seit den Anfängen der Reformation innerprotestantisch ein durchaus strittiges Thema gewesen ist. In der Sprache der traditionellen Dogmatik geht es um das Verhältnis von Rechtfertigung und Heiligung und die

---

8   Wilhelm H. Neuser, Die Entstehung und theologische Formung der Leuenberger Konkordie 1971 bis 1973, Münster 2003.
9   Gesetz und Evangelium. Eine Studie, auch im Blick auf die Entscheidungsfindung in ethischen Fragen. Ergebnis eines Studienprozesses der Gemeinschaft Evangelischer Kirchen in Europa (GEKE), hg. v. Michael Bünker u. Martin Friedrich, Frankfurt a. M. 2007.

## 2 DAS GEMEINSAME VERSTÄNDNIS DES EVANGELIUMS

Zuordnung von Gottes befreiendem Zuspruch (promissio) der Sündenvergebung zur Forderung seines göttlichen Willens. Hier bestehen nach wie vor theologische Auffassungsunterschiede, die nicht einfach auf den konfessionellen Unterschied zwischen lutherischer und reformierter Tradition zu reduzieren sind. Sie haben auch Rückwirkungen auf das jeweilige Verständnis der Rechtfertigungslehre. Diese selbst ist jedoch seit 1973 kein Lehrgesprächsthema mehr gewesen.

Wenn die Rechtfertigungslehre ein theologisches Thema war, dann im lutherisch-katholischen Dialog. 1999 wurde die Gemeinsame Erklärung zur Rechtfertigungslehre (GER) von Lutherischem Weltbund und der römisch-katholischen Kirche – genauer gesagt vom Präsidenten des Päpstlichen Rates zur Förderung der Einheit der Christen – in Augsburg feierlich unterzeichnet. 2006 stimmte auch der Weltrat methodistischer Kirchen der Gemeinsamen Erklärung zu, bislang jedoch nicht die reformierten Kirchen. Diese waren in Deutschland allerdings an der Studie „Lehrverurteilung – kirchentrennend?"[10] beteiligt, die als ein Vorläufertext der GER gilt.

Dass unter den evangelischen Kirchen ein Konsens im gemeinsamen Verständnis der Rechtfertigungslehre und des Evangeliums keineswegs immer schon selbstverständlich war, lässt die Aussage in LK 6 erkennen, die an der Leuenberger Konkordie beteiligten Kirchen würden im Folgenden ihr gemeinsames Verständnis des Evangeliums beschreiben, „soweit es für die Begründung einer Kirchengemeinschaft erforderlich ist". Diese Formulierung deutet an, dass weiterhin Auffassungsunterschiede bestehen, die aber keine kirchentrennende Bedeutung mehr haben.

---

10 Lehrverurteilungen – kirchentrennend?, Bd. I: Rechtfertigung, Sakramente und Amt im Zeitalter der Reformation und heute (Dialog der Kirchen 4), hg. v. Karl Lehmann und Wolfhart Pannenberg, Freiburg/Göttingen 1986.

## 2.4 Historische Einordnung

Heutige Leser der Leuenberger Konkordie werden vermutlich kaum noch ermessen, welch „entscheidenden Fortschritt" ihr Teil II und das darin in knappen Zügen dargelegte gemeinsame Evangeliumsverständnis „gegenüber vergleichbaren Dokumenten aus früherer Zeit" darstellte.[11] Durch die Konzentration auf die grundlegenden Bestimmungen der Confessio Augustana in CA VII, wonach „zur wahren Einheit der Kirche die Übereinstimmung in der rechten Lehre des Evangeliums und in der rechten Verwaltung der Sakramente notwendig und ausreichend" ist (LK 2), wurde es nach Jahrhunderten der Trennung möglich, dass lutherische und reformierte Kirchen, die aus ihnen hervorgegangenen unierten Kirchen sowie die vorreformatorischen Kirchen der Waldenser und der Böhmischen Brüder ein gemeinsames Verständnis von Kirchengemeinschaft entwickeln und diese nun auch einander wechselseitig gewähren konnten.

Wie die Leuenberger Konkordie im ersten Teil – „Der Weg zur Gemeinschaft" – feststellt, führte die aus der Reformation hervorgegangenen Kirchen ihr geschichtlicher Weg nicht nur zu der Einsicht, dass schon in der Reformationszeit die Gemeinsamkeiten im Verständnis des Evangeliums und des Glaubens größer als die bestehenden Gegensätze waren (vgl. LK 4), sondern vor allem auch zu der Erkenntnis, dass „das grundlegende Zeugnis der reformatorischen Bekenntnisse von ihren geschichtlich bedingten Denkformen zu unterscheiden" ist (LK 5).

Diese gewichtige Unterscheidung geht auf die theologischen Entwicklungen in den unierten evangelischen Kirchen zurück, die sich nicht zuletzt den theologischen Impulsen Friedrich Schleiermachers verdanken. Seine „Glaubenslehre" von 1821/22, deren 2. Auflage 1830 erschien, setzt an die Stelle einer Bibelhermeneutik, die das Anliegen der evangelischen Bekenntnisschrif-

---

11 Martin Friedrich, Von Marburg bis Leuenberg. Der lutherisch-reformierte Gegensatz und seine Überwindung, Waltrop 1999, 222.

ten der Reformationszeit war, eine Bekenntnishermeneutik – will sagen: eine Hermeneutik der Bekenntnisschriften, die nun historisch relativiert werden.

Im Ringen um die Neuordnung der evangelischen Kirche in Deutschland nach dem Ende des Zweiten Weltkriegs schrieb Lothar Kreyßig, der Präses der Altpreußischen Union, 1951 an den Bischof der Evangelisch-Lutherischen Kirche in Bayern, Hans Meiser. Dessen Forderung, die Einheit der Kirche setze voraus, dass man dieselben Bekenntnisschriften habe, kritisierte Kreyßig als „verhängnisvolles Mißverständnis"[12]. Nicht ein gemeinsamer Bestand an Bekenntnisschriften, sondern ein Konsens in der Lehre (*consensus doctrinae*), nämlich in der Verkündigung des Wortes Gottes und in der Verwaltung der Sakramente sei erforderlich. Diese gleichermaßen notwendige wie hinreichende Basis sei in den Kirchen der Altpreußischen Union gegeben. Zugleich verwies Kreyßig auf die gemeinsamen Erfahrungen von Lutheranern, Reformierten und Unierten im Kirchenkampf. Gerade aufgrund der durch den Kirchenkampf gewonnenen „neue[n] Möglichkeit des Hörens aufeinander und des Bekennens miteinander [...], die schlechthin verpflichtend ist"[13], könnten die verbleibenden innerprotestantischen Lehrunterschiede getragen werden. Wie Martin Friedrich feststellte, bildete dieses neue Verständnis von Kirchengemeinschaft „den einen Strang, der zur Leuenberger Konkordie hinführte"[14]. So versteht sich die Leuenberger Konkordie auch ausdrücklich nicht als eine neue Bekenntnisschrift (vgl. LK 37). Der andere Weg verlief über die Arnoldshainer Thesen von 1957 zum gemeinsamen Verständnis des Abendmahls.

---

12 Zitiert nach a. a. O., 213.
13 Zitiert nach a. a. O., 214.
14 Ebd.

## 2.4 Historische Einordnung

Der Hinweis auf die gemeinsamen Erfahrungen des Kirchenkampfes ist auch als Hinweis auf die Barmer Theologische Erklärung von 1934 zu verstehen. Deren erste These lautet: „Jesus Christus, wie er uns in der Heiligen Schrift bezeugt wird, ist das eine Wort Gottes, das wir zu hören, dem wir im Leben und im Sterben zu vertrauen und zu gehorchen haben." Diese These aus der Feder Karl Barths verweist wiederum erkennbar zurück auf die Frage 1 und ihre Antwort im Heidelberger Katechismus („Was ist dein einziger Trost im Leben und im Sterben?"). Tatsächlich ist auch die Bedeutung Barths für den Weg der Kirchen zur Leuenberger Konkordie nicht zu unterschätzen. Auf dem Weg zu einem gemeinsamen Kirchenverständnis, das zwischen den Bekenntnisschriften und ihrem Gegenstand bzw. zwischen dem grundlegenden Zeugnis der reformatorischen Bekenntnisse und ihren historisch bedingten Denk- und Ausdrucksformen unterscheidet, wurde die Worttheologie der Barth-Schule, als deren Vertreter sich besonders Hans-Joachim Iwand und Helmut Gollwitzer engagierten, durch Gerhard Ebelings relationale Bestimmung von Wort und Glaube ergänzt.[15]

Die Rechtfertigungslehre und das gemeinsame Verständnis derart ins Zentrum zu stellen, wie es die Leuenberger Konkordie tut, war zu Beginn der 1970er Jahre keineswegs selbstverständlich. Der Berner Dogmatiker Martin Werner, ein Exponent der Tradition liberaler Theologie in der Schweiz, vermochte darin nur „eine interkonfessionelle Verschwörung gegen den Fortschritt" zu erkennen.[16] Dagegen lobte der lutherische Theologe

---

15 Vgl. ebd. 214.
16 Martin Werner, Stellungnahme zum Leuenberger Entwurf einer Konkordie reformatorischer Kirchen in Europa, Hausen ob Verena 1972, 148, zitiert nach Gottfried Martens, Die Rechtfertigung des Sünders – Rettungshandeln Gottes oder historisches Interpretament? Grundentscheidungen lutherischer Theologie und Kirche bei der Behandlung des Themas „Rechtfertigung" im ökumenischen Kontext (FSÖTh 64), Göttingen 1992, 217.

## 2 Das gemeinsame Verständnis des Evangeliums

Albrecht Peters, der in Heidelberg lehrte, in der Leuenberger Konkordie habe sich ein „Durchbruch vom Neuprotestantismus zur Reformation" vollzogen.[17]

Freilich gibt es bis heute Kritik von lutherischer Seite an der theologischen Tragfähigkeit der Aussagen der Konkordie zum gemeinsamen Verständnis des Evangeliums und der Rechtfertigungslehre. Kein gutes Haar lässt an ihnen z. B. Gottfried Martens in seiner 1992 erschienenen Dissertation, auch wenn er eine Nähe der Konkordie zu Grundentscheidungen der lutherischen Bekenntnisse nicht in Abrede stellen will. Martens wirft der Konkordie jedoch einen „anthropologischen Ansatz"[18] und eine „romantisierende Geschichtsdeutung"[19] vor. Will sagen: Der Lehrkonsens in der Rechtfertigungslehre beruhe lediglich auf einer menschlich-allzumenschlichen Kompromissbereitschaft und dem guten Willen, den ökumenischen Gesprächspartner nicht zu verletzen. Und wenn in LK 36 erklärt wird, die Verkündigung der Kirchen gewinne „in der Welt an Glaubwürdigkeit, wenn sie das Evangelium in Einmütigkeit bezeugen", so werde eine pneumatologische Begründung der Rechtfertigungslehre durch das Handeln der Kirche ersetzt.[20] Es finde somit im Rechtfertigungsgeschehen ein fragwürdiger Subjektwechsel von Gott zum Menschen als Handelndem statt. Romantisierend aber sei die in der Leuenberger Konkordie waltende Geschichtsdeutung, weil sie bedauerlicherweise der unionistischen Sicht der Kirchengeschichte aufsitze.[21] Sie zahle dafür den Preis einer protestantischen Blockbildung, bei der sich protestantische Traditionen

---

17 Albrecht Peters, Rechtfertigung im 19. und 20. Jahrhundert, in: Otto Hermann Pesch/Albrecht Peters, Einführung in die Lehre von Gnade und Rechtfertigung, Darmstadt ²1989, 306–365, hier 335.
18 Martens, Rechtfertigung (s. Anm. 16), 220 f.
19 A. a. O., 221 ff.
20 Vgl. ebd.
21 Vgl. a. a. O., 221 f.

## 2.4 Historische Einordnung

ergänzen, zugleich aber die Rechtfertigungslehre „zu einem reformatorischen Konfessionsspezifikum"[22] relativiert werde, was dem Geltungsanspruch der lutherischen Bekenntnisschrift zuwiderlaufe. Im Übrigen werde CA VII reduktiv interpretiert, die Rechtfertigungsbotschaft isoliert behandelt. Die Konsequenz sei „eine akute Gefährdung des Heilsgehalts des Evangeliums, auf dessen Basis doch Kirchengemeinschaft errichtet werden soll, und eine gefährliche Verkürzung der Rechtfertigungsbotschaft, die nicht zuletzt an ihrer ungenügenden trinitarischen Einbindung und Entfaltung deutlich wird"[23]. Immerhin attestiert Martens der Konkordie, die Rechtfertigungslehre christologisch zu fundieren und somit ihrer gänzlichen Auflösung in die Anthropologie zu widerstehen. Doch im Vergleich zu den lutherischen Bekenntnisschriften – allen voran die Schmalkaldischen Artikel – bleibe die Darstellung in der Leuenberger Konkordie unbefriedigend. Martens vermisst lutherische Aussagen zum stellvertretenden Sühnetod Christi ebenso wie ein klares Bekenntnis zur chalcedonensischen Zwei-Naturen-Lehre und wirft der Konkordie am Ende gar einen „nestorianisierende(n)" Lösungsversuch vor.[24] Von derartigen Vorwürfen ist es dann nicht mehr weit zur Kritik an einer „Verbalisierung"[25] des sakramentalen Geschehens in Taufe und Abendmahl, das einem authentischen lutherischen Sakramentsverständnis zuwiderlaufe. Letztlich würden die Rechtfertigung und das Heilshandeln Gottes verharmlost und theologisch völlig unzureichend erfasst.[26]

Wir wollen im Folgenden sehen, wie es sich damit tatsächlich verhält.

---

22 A. a. O., 223.
23 A. a. O., 229.
24 Vgl. a. a. O., 230.
25 A. a. O., 233.
26 Vgl. a. a. O., 235.

## 2 Das gemeinsame Verständnis des Evangeliums

### 2.5 Der Ort der Rechtfertigungslehre innerhalb der Leuenberger Konkordie

Gegenüber der Kritik von Martens sei noch einmal das Anliegen der Leuenberger Konkordie insgesamt und auch ihrer Darstellung der Rechtfertigungslehre im Besonderen verdeutlicht: Es geht *nicht* darum, eine neue Bekenntnisschrift zu verfassen – jedenfalls nicht im Sinne eines lutherischen Begriffs von Bekenntnisschrift. Nach reformierter Tradition, die bekanntlich eher das aktuelle Bekennen, den je und je neu eintretenden *status confessionis* oder den durch die Geschichte der Kirche hindurchgehenden *processus confessionis* betont und keine geschichtlich abgeschlossene Bekenntnisbildung kennt, lässt sich die Leuenberger Konkordie durchaus als ein aktuelles Bekenntnis, ein Bekennen oder ein Glaubenszeugnis für unsere Gegenwart verstehen. Ganz so wird ja auch die Barmer Theologische Erklärung verstanden, die ebenfalls mit Bedacht die Selbstbezeichnung als Bekenntnis vermieden hat und ebenfalls nach lutherischer Lesart nicht als Bekenntnisschrift im strikten Sinne des Wortes gilt.

Allerdings kommt die Bezeichnung „Konkordie" auch in den lutherischen Bekenntnisschriften vor, nämlich im Fall der Wittenberger Konkordie von 1577 – die delikaterweise Verwerfungsurteile gegen reformierte Lehren enthält, deren Überwindung gerade zu den Anliegen der Leuenberger Konkordie gehört. Dass für das Leuenberger Konsensusdokument der Begriff der Konkordie gewählt wurde, zeigt daher, welch hohe Bedeutung die Verfasser und Unterzeichnerkirchen dem Dokument als Glaubenszeugnis beimessen. Es handelt sich eben nicht bloß um ein Theologenpapier, sondern um ein Zeugnis der Kirche bzw. der beteiligten Kirchen, die gemeinsam das Evangelium bezeugen.

Wenn die Konkordie in LK 37 betont, sie verstehe sich dennoch nicht als Bekenntnis, sondern stelle „eine im Zentralen gewonnene Übereinstimmung dar, die Kirchengemeinschaft zwischen Kirchen verschiedenen Bekenntnisstandes ermöglicht", ist das nicht etwa nur eine Sprachregelung, die gewissen Empfindlichkeiten auf lutherischer Seite geschuldet ist, sondern eine sachlich schlüssige Konsequenz aus der in LK 5 vorgenommenen Unterscheidung zwischen dem grundlegenden Zeugnis der reformatorischen Bekenntnisse – d. h. Bekenntnisschriften – und ihren geschichtlich bedingten Denkformen. Diese Unterscheidung wird in Teil III im Abschnitt zur Christologie ausdrücklich aufgenommen (LK 22).[27]

Kritiker wie Martens sind ganz offensichtlich nicht bereit, diese Unterscheidung mit zu vollziehen. Mit dieser Unterscheidung steht und fällt aber die Möglichkeit eines gemeinsamen Zeugnisses bekenntnisverschiedener Kirchen, deren Bekenntnisverschiedenheit auch in den Passagen zur Rechtfertigungslehre nicht angetastet werden soll. Wer also wie Martens den Text der Leuenberger Konkordie daraufhin abklopft, ob er auch wirklich 1:1 alle Aussagen der lutherischen Bekenntnisschriften zur Rechfertigungslehre oder den Sakramenten enthält oder mit ihnen vollständig zur Deckung zu bringen ist, gelangt zwangsläufig zu einer negativen Beurteilung der Konkordie. Deren Basis ist, wie noch einmal festgehalten sei, eine Hermeneutik der lutherischen und reformierten Bekenntnisschriften, welche das Gemeinsame kraft der Unterscheidung zwischen Zeugnis und Denkform, zwischen Gegenstand und Ausdruck des Glaubens zu benennen und zu interpretieren vermag. Hermeneutik bedenkt

---

[27] LK 22: „Im Glauben an diese Selbsthingabe Gottes in seinem Sohn sehen wir uns angesichts der geschichtlichen Bedingtheit überkommener Denkformen vor die Aufgabe gestellt, neu zur Geltung zu bringen, was die reformierte Tradition in ihrem besonderen Interesse an der Unversehrtheit von Gottheit und Menschheit Jesu und was die lutherische Tradition in ihrem besonderen Interesse an seiner völligen Personeinheit geleitet hat."

## 2 Das gemeinsame Verständnis des Evangeliums

stets die Geschichtlichkeit des Glaubens und auch seiner Denkformen, wie sie im ersten Teil der Konkordie zum Thema gemacht wird.

Die Kritik von Martens an der Leuenberger Konkordie oder auch die von Jörg Baur an der Studie „Lehrverurteilungen – kirchentrennend?"[28] ebnet den Unterschied zwischen Theologie und Glaubensbekenntnis ein, indem sie darauf besteht, dass Theologie als Antwort des Glaubens nur konfessorisch bzw. assertorisch reden kann. Jede metatheoretische Reflexion über den Glaubensvollzug und seine sprachlichen Ausdrucksformen wird damit für illegitim erklärt. Im Ergebnis wird eine bestimmte Gestalt altprotestantischer Dogmatik auf dezisionistische Weise normativ gesetzt und schlussendlich entgegen dem eigenen Anspruch gegen jede mögliche Kritik durch das erneute Hören der Bibel als Heiliger Schrift immunisiert.

Nicht nachvollziehbar ist auch die Kritik, die Rechtfertigungslehre komme in der Leuenberger Konkordie zwar an zentraler Stelle vor, bleibe aber letztlich ein isoliertes Lehrstück und sei zudem theologisch völlig unterbestimmt. Im Gegenteil bildet die Rechtfertigungslehre den *cantus firmus* des ganzen Textes. Ihre zentrale Stellung resultiert, wie schon im Eingangsteil erwähnt, daraus, dass der Maßstab der Konkordie für die Erklärung und Verwirklichung der Kirchengemeinschaft (Teil IV) die Bestimmungen aus CA VII sind. Dementsprechend ist auch die ganze Konkordie aufgebaut. Nach einer historischen Hinführung (Teil I) behandelt der zweite Hauptteil das gemeinsame Ver-

---

28 Vgl. Jörg Baur, Einig in Sachen Rechtfertigung? Zur Prüfung des Rechtfertigungskapitels der Studie des Ökumenischen Arbeitskreises evangelischer und katholischer Theologen: „Lehrverurteilungen – kirchentrennend?", Tübingen 1989. Ähnlich das Gutachten der Göttinger Theologischen Fakultät: „Überholte Lehrverurteilungen?", hg. v. Dietz Lange, Göttingen 1991.

## 2.5 Die Rechtfertigungslehre in der Leuenberger Konkordie

ständnis des Evangeliums, CA VII folgend untergliedert in die beiden Abschnitte zur Rechtfertigungsbotschaft und zu Verkündigung, Taufe und Abendmahl.

Durchgängig sind die Aussagen über die Rechtfertigung des sündigen Menschen allein durch den Glauben mit den übrigen Teilen der Konkordie verwoben. LK 13 schafft die Verbindung zur Sakramentenlehre, wenn es heißt: „Das Evangelium wird uns grundlegend bezeugt durch das Wort der Apostel und Propheten in der Heiligen Schrift Alten und Neuen Testaments. Die Kirche hat die Aufgabe, dieses Evangelium weiterzugeben durch das mündliche Wort der Predigt, durch den Zuspruch an den einzelnen und durch Taufe und Abendmahl. In der Verkündigung, Taufe und Abendmahl ist Jesus Christus durch den Heiligen Geist gegenwärtig. So wird den Menschen die Rechtfertigung in Christus zuteil, und so sammelt der Herr seine Gemeinde. Er wirkt dabei in vielfältigen Ämtern und Diensten und im Zeugnis aller Glieder seiner Gemeinde." Wie schon in dem vorangehenden Abschnitt LK 7–12 sind auch in LK 13 die Bezüge der Rechtfertigungsbotschaft zur Christologie, zur Schriftlehre, aber auch zur Pneumatologie und zur Lehre von der Kirche konstitutiv. Die Bezüge des Abschnitts über die Rechtfertigungsbotschaft reichen aber auch in den dritten Hauptteil hinein, der die Übereinstimmung der Kirchen angesichts der Lehrverurteilungen aus der Reformationszeit zum Gegenstand hat. Das gilt sowohl für den Abschnitt zur Christologie als auch für denjenigen zur Prädestinationslehre. Die Christologie (LK 21–22) ist das theologische Fundament der Rechtfertigungslehre, die entgegen neuprotestantischer Tradition gegen ihre anthropologische Engführung geschützt werden soll. Die Erwählungslehre (LK 24–26) wiederum lässt sich verstehen als Implikat der Rechtfertigungslehre, weil sie ihrer ursprünglichen Intention nach die Glaubenden in der unbedingten Gewissheit, von Gott angenommen zu sein, bestärken will und mit dem Gedanken des ewigen Heilsratschlus-

## 2 Das gemeinsame Verständnis des Evangeliums

ses Gottes die Grundpassivität des Glaubens und damit die Erkenntnis und Anerkenntnis betont, dass der Mensch sich selbst nicht zu erlösen vermag.

### 2.6 Die Aussagen der Leuenberger Konkordie zur Rechtfertigungslehre

#### 2.6.1 Die Rechtfertigungsbotschaft als Kriterium und Gestalt des Evangeliums

Betrachten wir nun im Einzelnen die Aussagen der Leuenberger Konkordie zur Rechtfertigungslehre. Diese wird in der Überschrift zu LK 7–12 mit der bekannten Formulierung aus These VI der Barmer Theologischen Erklärung als „Botschaft von der freien Gnade Gottes" charakterisiert. Schon im historischen Teil heißt es, übereinstimmend hätten die Reformatoren, „die freie und bedingungslose Gnade Gottes im Leben, Sterben und Auferstehen Jesu Christi für jeden, der dieser Verheißung glaubt, bezeugt" (LK 4). LK 12 erklärt, mit dem in LK 7–11 formulierten gemeinsamen Verständnis des Evangeliums nehmen die beteiligten Kirchen „die gemeinsame Überzeugung der reformatorischen Bekenntnisse auf, daß die ausschließliche Heilsmittlerschaft Jesu Christi die Mitte der Schrift und die Rechtfertigungsbotschaft als die Botschaft von der freien Gnade Gottes Maßstab aller Verkündigung der Kirche ist". Auch die Prädestinationslehre wird in LK 24 als Ausdruck der Botschaft von der freien Gnade Gottes – hier bezeichnet als „bedingungslose Annahme des sündigen Menschen durch Gott" – interpretiert.

Nun ist zu beachten, dass die Leuenberger Konkordie zwischen Rechtfertigungsbotschaft und Rechtfertigungs*lehre* unterscheidet. Die Rechtfertigungs*botschaft* wird mit dem Evangelium gleichgesetzt, die Rechtfertigungs*lehre* dagegen als eine Interpretation des Evangeliums verstanden. So heißt es in LK 7–8: „Das Evangelium ist die Botschaft von Jesus Christus, dem

## 2.6 DIE LEUENBERGER KONKORDIE ZUR RECHTFERTIGUNGSLEHRE

Heil der Welt, in Erfüllung der an das Volk des Alten Bundes ergangenen Verheißung. Sein rechtes Verständnis haben die reformatorischen Väter in der Lehre von der Rechtfertigung zum Ausdruck gebracht." LK 12 erklärt, die Rechtfertigungs*botschaft* – also nicht die reformatorische Rechtfertigungs*lehre* sei das Kriterium aller kirchlichen Verkündigung. Sie ist der Maßstab dessen, was als Verkündigung oder Kommunikation des Evangeliums zu gelten hat.

In der Unterscheidung und Zuordnung von Glaubensvollzug und Glaubensverständnis, anders gesagt in der Verhältnisbestimmung von Rechtfertigung als dem Grundvorgang christlichen Glaubens und der Rechtfertigungs*lehre* als Interpretation dieses Geschehens, besteht ein Grundproblem ökumenischer Dialoge, wie auch die Dialog- und Konsensdokumente zur Rechtfertigungslehre von evangelischen Kirchen und römisch-katholischer Kirche zeigen. Auch diese setzen die Möglichkeit der genannten Unterscheidung voraus. Der evangelische Theologe Gerhard Sauter hat dafür plädiert, die Rechtfertigungslehre nicht nur als gemeinsamen Glaubensinhalt, sondern auch als Dialogregel des ökumenischen Gespräches neu zu entdecken.[29] Darüber hinaus ist jedoch zu sagen, dass die Rechtfertigungslehre nach evangelischem Verständnis, wie es in der Leuenberger Konkordie zum Ausdruck kommt, auch im Dialog mit den übrigen Kirchen das entscheidende Kriterium ist und nicht nur wie die GER formuliert, „einen Konsens in Grundwahrheiten der Rechtfertigungslehre" (GER 5) meint, der sich erst noch zukünftig „im Leben und in der Lehre der Kirchen auswirken und bewähren" muss (GER 43), bislang aber noch nicht zur Anerkennung der lutherischen und methodistischen Kirchen

---

29 Vgl. Gerhard Sauter, Rechtfertigung – eine anvertraute Botschaft. Zum unentschiedenen Streit um die „Gemeinsame Erklärung zur Rechtfertigungslehre", EvTh 59 (1999), 32–48, bes. 42 ff.

## 2 Das gemeinsame Verständnis des Evangeliums

durch die römische Kirche als Kirche im theologischen Vollsinn des Wortes geführt hat.

An dieser Stelle treten einige begriffliche Schwierigkeiten auf, die es zu klären gilt. LK 7–12 nimmt erkennbar auf CA VII Bezug, wonach die reine Lehre respektive Verkündigung des Evangeliums und die stiftungsgemäße Feier der Sakramente das Kennzeichen der wahren Kirche sind. Der lateinische Text von CA VII sagt, das Evangelium werde „pure docetur". Das Augsburger Bekenntnis unterscheidet also nicht in dem strikten Sinne zwischen Verkündigung und Lehre, wie es die Leuenberger Konkordie tut. Der Terminus „Rechtfertigungsbotschaft" nimmt den paulinischen Begriff des Kerygmas auf. Das Kerygma als Verkündigung des Evangeliums hat Anredecharakter. Paulus spricht aber nirgends explizit von einem Rechtfertigungskerygma, das von einer Lehre – griechisch wären Begriffe wie didaskalia oder dogma denkbar – unterschieden würde. Auch die Reformatoren haben nicht zwischen Verkündigung und theologischer Lehre als deren Interpretation begrifflich klar unterschieden. Doctrina kann sowohl Verkündigung als auch Lehre bedeuten, weil die Verkündigung selbst einen lehrhaften Charakter trägt. Die Unterscheidung zwischen Rechtfertigungsbotschaft und Rechtfertigungslehre konkretisiert die für die gesamte Leuenberger Konkordie grundlegende Unterscheidung zwischen Zeugnis und geschichtlich bedingten Denkformen.

Nun ist aber nicht ohne weiteres klar, ob die Rechtfertigungsbotschaft nach Auffassung der Konkordie mit dem Evangelium gleichzusetzen oder auch von diesem nochmals zu unterscheiden ist. Nicht erst eine ausgebaute theologische Lehre von der Rechtfertigung, sondern schon die Ausformulierung des Evangeliums in der Sprache von Gericht und Rechtfertigung ist bereits eine bestimmte Interpretation des Evangeliums. Wenn dieses insgesamt als Rechtfertigungsbotschaft charakterisiert wird, handelt es sich bereits um eine Interpretation zweiter Ordnung. Es werden dann nämlich Gestalten des Evangeliums, die selbst gar nicht die Sprache der Rechtfertigung verwenden, sondern etwa wie das Johannesevangelium vom ewigen Leben oder von Wiedergeburt sprechen, an der paulinischen Gestalt des Evangeliums gemessen, wobei vorausgesetzt wird, dass die paulinische Verkündigung und Theologie in der Beschreibung des Heilsgeschehens als Vorgang der Rechtfertigung des Sünders ihr Zentrum hat.

Nun ist nicht nur zwischen dem Geschehen der Rechtfertigung und seiner theologischen Deutung zu unterscheiden. Sondern schon auf der Ebene der Verkündigung – und zwar bereits bei Paulus – ist die Rechtfertigungsterminologie ein Interpretament für das Heilsgeschehen, das auch in anderer Begrifflichkeit ausgesagt werden kann. Dort, wo es um den unmittelbaren Zuspruch der Gnade geht, spielt die forensische Terminologie der paulinischen oder reformatorischen Rechtfertigungsaussagen zumeist kaum eine Rolle. Besteht zunächst ein Unterschied zwischen der Verkündigung der Rechtfertigung des Sünders und ihrer theologischen Interpretation, so ist es – mit Gerhard Ebeling gesprochen – noch einmal „zweierlei, explizit über die Rechtfertigung aus Glauben zu predigen und so zu predigen, daß sich Rechtfertigung allein aus Glauben ereignet"[30]. Sie ereignet sich, wo im Sinne der Rechtfertigungslehre an Jesus Christus geglaubt wird, keinesfalls aber nur dort, wo sich solcher Glaube speziell auf die Explikation des Christusglaubens als Rechtfertigungsglaube bezieht. Das aber bedeutet, dass die grundsätzliche Bestimmung des Evangeliums als Rechtfertigungsbotschaft die Lehre von der Rechtfertigung voraussetzt. Anders gesagt, handelt es sich bei der Rechtfertigungsbotschaft um eine bestimmte Gestalt des Evangeliums, das es nie als solches, sondern immer

---

30 Gerhard Ebeling, Dogmatik des christlichen Glaubens, Bd. III, Tübingen 1979, 218.

## 2 Das gemeinsame Verständnis des Evangeliums

nur in Form von Interpretationen gibt. Jede Vergegenwärtigung des mit Christus verbundenen und an ihn gebundenen Heilsgeschehens ist bereits eine Form der Interpretation, die ihrerseits Gegenstand weiterer Interpretationen wird. Auch die in der Leuenberger Konkordie von der reformatorischen Rechtfertigungslehre unterschiedene Rechtfertigungsbotschaft ist eine Interpretation des Heilsgeschehens bzw. ein bestimmter Ausdruck des Evangeliums.

Noch in der Textvorlage von 1971 standen sich Rechtfertigungslehre und Evangelium gegenüber. Erst nach einem längeren Diskussionsprozess, den Wilhelm Neuser nachgezeichnet hat, ist man zu den endgültigen Formulierungen gelangt, wonach die Rechtfertigungslehre das Evangelium „zum Ausdruck" bringt. Neuser interpretiert diesen Umstand so: „Der Text hat einen Klärungsprozeß durchgemacht, bei dem das Evangelium in die Mitte gerückt ist und die Rechtfertigung an den Rand"[31]. Die kriteriologische Funktion der Rechtfertigungsbotschaft rückt das als Rechtfertigung bezeichnete Heilsgeschehen und mit ihm auch die Rechtfertigungslehre jedoch gerade in eine zentrale Stellung, die sie so z. B. in der römisch-katholischen Theologie oder in den Ostkirchen gerade nicht hat.

Ist dem hermeneutischen Ansatz der Leuenberger Konkordie soweit zuzustimmen, so stößt – wie gesehen – die Unterscheidung von Sprache oder Denkform und Sache insofern an eine Grenze, als sich die Mitteilung der göttlichen Gnade nach reformatorischem Verständnis ihrerseits sprachlich vollzieht. Die reformatorische Theologie spricht nicht isoliert von der freien Gnade Gottes – dem *sola gratia* – sondern präzisiert dessen Sinn, indem sie von ihm in Verbindung mit dem *solus Christus*, *sola fide* und *sola scriptura* spricht. Das *sola gratia* konkretisiert sich folglich als *solo verbo*.

---

[31] Neuser, Entstehung (Anm. 8), XI.

## 2.6 Die Leuenberger Konkordie zur Rechtfertigungslehre

Zur letztgenannten Formel ist allerdings folgendes kritisch anzumerken: Auch wenn sich die Wendung *solo verbo* gelegentlich bei Luther findet, so ist ihre Zuordnung zu den reformatorischen Exklusivpartikeln doch erst neueren Ursprungs, nämlich eine Auswirkung der Wort-Gottes-Theologie im 20. Jahrhundert. Gegenüber der Reformationszeit finden in der Wort-Gottes-Theologie aber durchaus inhaltliche Verschiebungen und Neuakzentuierungen statt. Das *solo verbo* kann auch, wie z. B. bei Eberhard Jüngel,[32] an die Stelle des *sola scriptura* treten und erweist sich damit als Reaktion auf die viel diskutierte Krise des reformatorischen Schriftprinzips. Das *solo verbo* sollte man m. E. jedoch weder neben noch an die Stelle des *sola scriptura* setzen, sondern als ein Interpretament verstehen, das sich auf alle vier Exklusivpartikel anwenden lässt, weil es in allen vier Fällen den grundlegenden Zusammenhang von Wort und Glaube thematisiert. Dieses Interpretament ist freilich gegen manche Verengungen zu schützen, die der Wort-Gottes-Theologie von Kritikern zur Last gelegt werden, welche die Wortlastigkeit und das Erfahrungsdefizit evangelischer Gottesdienste bemängeln.[33] Es sollte auch nicht vorschnell zum kontroverstheologischen Unterscheidungsmerkmal erklärt werden, um die konfessionelle Differenz zwischen evangelischer und katholischer Tradition zu markieren, wie es gelegentlich in der Auseinandersetzung um die Gemeinsame Erklärung zur Rechtfertigungslehre (GER) geschehen ist.[34]

---

32 Vgl. Eberhard Jüngel, Das Evangelium von der Rechtfertigung des Gottlosen als Zentrum des christlichen Glaubens, Tübingen ²1999, 169 ff.

33 Zur Kritik siehe z. B. Ulrich Kühn, Solo verbo? – Die sakramentale Bedeutung des christlichen Gottesdienstes, in: Jahrbuch für Liturgik und Hymnologie 41, Göttingen 2002, 18–30.

34 Siehe z. B. Ingolf U. Dalferth, Ökumene am Scheideweg, FAZ vom 26.9.1997, 10f., sowie die Stellungnahme des Vorstands der Arnoldshainer Konferenz zur Gemeinsamen Erklärung vom 4.6.2017, in: epd-Dokumentation 49/97,

## 2 Das gemeinsame Verständnis des Evangeliums

Das maßgebliche Modell des *solo verbo* bzw. für das als performativen Zuspruch interpretierte Evangelium ist nach evangelischem Verständnis der Zuspruch, die *promissio*: „Dir sind deine Sünden vergeben" (Mk 2,5). Insofern diese Form der Absolution zwar nicht die einzige, wohl aber normative Gestalt dessen ist, was im reformatorischen Sinne Evangelium bzw. *promissio* heißt, stellt sich nun aber die Frage, wie dieses seiner Struktur nach forensische Sprachgeschehen ohne die Begrifflichkeit der Rechtfertigungslehre hinreichend gedacht werden kann. Wie will sich ein seiner Struktur nach der Rechtfertigungsaussage entsprechender Glaube selbst verstehen, wenn ihm dafür die Sprache der Rechtfertigungslehre nicht zu Gebote steht?

Im ökumenischen Dialog stellen sich somit aus evangelischer Sicht zwei Fragen: zum einen, ob das performative Sprachgeschehen, welches als Rechtfertigung des Sünders bezeichnet wird, auch in anderen Formen der Theorie als derjenigen einer durchgeführten Rechtfertigungslehre sachgerecht erfasst wird; zum anderen, ob auch nichtsprachliche, z. B. sakramentale Vollzüge wie in der katholischen Eucharistiefeier oder in der ostkirchlichen Liturgie als der evangelischen Wortverkündigung entsprechende performative Akte, d. h. ihrer Struktur nach als Sprachhandlungen verstanden werden können, in welchen sich die bedingungslose Vergebung der Sünden ereignet. Die Kernfrage im ökumenischen Dialog lautet also für evangelische Theologie, ob sie einen Glaubensvollzug als christlich, genauer gesagt als evangeliumsgemäß anerkennen kann, der sich nicht in derartigen Sprachhandlungen ereignet, wie sie für den evange-

---

57 f.59 f. Kritisch dagegen: Kühn, Solo verbo? (s. Anm. 33), 20; André Birmelé, Kirchengemeinschaft. Ökumenische Fortschritte und methologische Konsequenzen (Studien zur Systematischen Theologie und Ethik 38), Münster 2003, 136.

## 2.6 Die Leuenberger Konkordie zur Rechtfertigungslehre

lischen Glauben im Gottesdienst und in sonstigen Formen der Kommunikation des Evangeliums konstitutiv sind. Diese Frage stellt sich auch deshalb, weil die Leuenberger Konkordie in LK 46–49 mit einer ökumenischen Perspektive schließt und das Modell der Einheit der konfessionsverschiedenen Kirchen in versöhnter Verschiedenheit als ihr Modell von Ökumene versteht.

### 2.6.2 Das vierfache solus

In der Leuenberger Konkordie bleibt das konfessionsverbindende Verständnis des Evangeliums jedenfalls an die Sprache der Rechtfertigungslehre gebunden, wobei der erwähnte Zusammenhang von *sola gratia, sola fide, solus Christus* und *sola scriptura* sowie des die vier reformatorischen Exklusivpartikel bündelnden solo verbo konstitutiv ist. Dass Jesus Christus das Heil der Welt ist, wird derart präzisiert, dass denen, die glauben (*sola fide*), in Jesus Christus (*solus Christus*) Gottes Gerechtigkeit zugesprochen wird (*promissio*). „Wer dem Evangelium vertraut [glauben = vertrauen], ist um Christi willen [*proper Christum*] gerechtfertigt vor Gott und von der Anklage des Gesetzes befreit" (LK 10).

Auch das *sola scriptura* taucht in diesem Zusammenhang wie an weiteren Stellen der Leuenberger Konkordie auf. An LK 7 und 8 anschließend, fährt LK 13 fort: „Das Evangelium wird uns grundlegend bezeugt durch das Wort der Apostel und Propheten in der Heiligen Schrift Alten und Neuen Testaments." Nicht weil die Bibel auf fundamentalistische Weise mit dem Wort Gottes gleichgesetzt wird, sondern weil sie das grundlegende Zeugnis des Wortes Gottes, genauer gesagt des Evangeliums, ist, steht sie als alleinige Quelle und als Norm kirchlicher Verkündigung und Lehre in Geltung. Sie ist dies aber nur, weil und insofern „die ausschließliche Heilsmittlerschaft Christi [solus Christus] die Mitte der Schrift" ist (LK 12). In der Begriffssprache der altprotestantischen Theologie ausgedrückt, ist nicht die Schrift als solche die *norma normans* für den Glauben, für Theologie und Kirche,

## 2 Das gemeinsame Verständnis des Evangeliums

sondern die Rechtfertigungsbotschaft als in der Bibel selbst enthaltene maßgebliche Auslegung des Evangeliums. Weil dieses aber die ausschließliche Heilsmittlerschaft Christi zum Inhalt hat, ist der eigentliche Maßstab Christus als Mitte der Schrift, wie er von der Rechtfertigungsbotschaft bezeugt wird. Das gemeinsame Erbe der Reformatoren wird in ähnlicher Weise beschrieben: „Übereinstimmend haben sie deshalb bekannt, daß Leben und Lehre an der ursprünglichen und reinen Bezeugung des Evangeliums in der Schrift zu messen sei" (LK 4).[35] Gegenüber der altprotestantischen Dogmatik und ihrer Schriftlehre findet also eine gewisse Verschiebung statt, die unter dem Einfluss der ersten These der Barmer Theologischen Erklärung und der Wort-Gottes-Theologie Karl Barths steht.

### 2.6.3 Zuspruch und Glaube

Formal wird das Evangelium als Zuspruch, als *promissio*, charakterisiert. Der Begriff der *promissio* ist für Luthers Theologie, seine Auffassung von der Predigt wie auch für sein Verständnis der Sakramente grundlegend.[36] Die Gerechtigkeit Gottes wird uns laut LK 10 im Glauben zugesprochen. LK 13 spricht vom „Zuspruch an den einzelnen", der neben Predigt, Taufe und Abendmahl erwähnt wird. Der Satz ist aber doch wohl nicht so zu verstehen, als bezöge sich die Kategorie des Zuspruchs nur auf

---

[35] Neuser, Entstehung (s. Anm. 8), XI ist der Ansicht, dass dieser Satz eigentlich mit der Aussage über die kriteriologische Funktion der Rechtfertigungslehre in LK 12 konkurriert und eigentlich überflüssig geworden sei. Aber abgesehen davon, dass man beide Sätze so verstehen kann, dass sie sich wechselseitig interpretieren, macht LK 4 eine Aussage im geschichtlichen Kontext der Reformation, während LK 12 eine Aussage im Zusammenhang der systematischen Rekonstruktion der Rechtfertigungslehre ist.

[36] Vgl. Oswald Bayer, Promissio. Geschichte der reformatorischen Wende in Luthers Theologie, Darmstadt ²1989.

## 2.6 Die Leuenberger Konkordie zur Rechtfertigungslehre

das seelsorgerliche Gespräch. Wenn LK 13 fortsetzt: „In Verkündigung, Taufe und Abendmahl ist Jesus Christus durch den Heiligen Geist gegenwärtig. So wird den Menschen die Rechtfertigung in Christus zuteil, und so sammelt der Herr seine Gemeinde", wird deutlich, dass auch die Predigt und die Sakramente im Sinne von LK 10 als Zuspruch der Gerechtigkeit Gottes an den sündigen Menschen, der glaubt, zu verstehen sind. Entsprechend wird das gemeinsame Erbe der Reformatoren zusammengefasst: „Übereinstimmend haben sie die freie und bedingungslose Gnade Gottes im Leben, Sterben und Auferstehen Jesu Christi für jeden, der dieser Verheißung [promissio] glaubt, bezeugt" (LK 4).

Interessanterweise sagt die Leuenberger Konkordie nicht, dass die Sünder durch den Glauben gerechtfertigt werden, sondern dass Gott denen, die glauben, seine Gerechtigkeit in Jesus Christus zuspricht. Das geschieht „durch sein Wort im Heiligen Geist" (LK 10). Wort und Glaube – nämlich der Glaube, der diesem Wort Glauben schenkt und vertraut (vgl. LK 4) – sind zwar das Medium, dessen sich Gott bei der Zueignung des Heils bedient, aber diese bleibt das alleinige Werk Gottes. Wenn gesagt wird, dass wir *durch* den Glauben gerechtfertigt werden, könnte das so missverstanden werden, als wäre der Glaube als Tätigkeit oder Leistung des menschlichen Subjektes die Ursache der Erlösung. Die Leuenberger Konkordie stellt klar, dass Gott das alleinige Subjekt des Heilsgeschehens ist, so gewiss der Mensch als Glaubender in seiner Subjekthaftigkeit einbezogen ist und nicht wie ein totes Objekt behandelt wird.[37]

---

[37] Matthias Flacius hat im Synergistischen Streit die These vertreten, der Mensch verhalte sich bei seiner Bekehrung wie ein Stein oder Holzklotz (lapis et truncus). Dagegen wendet sich die Konkordienformel in Artikel II der Solida Declaratio (BLSK 880,22–25): „Ad hanc vero spiritus sancti renovationem nullus lapis, nullus truncus, sed solus homo creatus est." Deutscher Text (BLSK 880, 14 f.): „... darzu dann kein Stein oder Block, sondern allein der Mensch erschaffen ist".

## 2 Das gemeinsame Verständnis des Evangeliums

Allerdings stellt man fest, dass der Glaubensbegriff als solcher in der Leuenberger Konkordie nicht erklärt und entfaltet wird. Auch der Zusammenhang von Glaube und Heilsgewissheit – nach Luther wie Calvin ist der Glaube unbedingte, wenn auch immer wieder angefochtene Gewissheit – wird nicht näher präzisiert. LK 4 spricht zwar „von einer neuen befreienden und gewißmachenden Erfahrung des Evangeliums", die den Reformatoren gemeinsam gewesen sei, lässt aber die Gewissheitsproblematik ansonsten unerörtert.[38]

### 2.6.4 Rechtfertigungslehre und Christologie

Inhalt der Rechtfertigungsbotschaft als Interpretationsgestalt des Evangeliums ist das Christusgeschehen. Christus wird in LK 7 als „Heil der Welt" bezeichnet. Doch worin dieses Heil genau besteht und inwiefern das Auftreten Jesu, sein Leben und Sterben und seine Auferstehung als Heilsereignis zu verstehen sind, wird schon im Neuen Testament unterschiedlich beantwortet. Deutlich ist zwar, dass nicht nur Jesu Leben und Lehre, sondern dass sein Tod nach übereinstimmendem Zeugnis der neutestamentlichen Schriften heilsbedeutsam ist. Aber die Deutung des Todes Jesu als Heilsereignis ist nicht einheitlich.

Auch die Leuenberger Konkordie lässt Spielräume offen. Zwar schließt sie in reformatorischer Tradition an Paulus an, wenn sie erklärt, in der Rechtfertigungsbotschaft werde „Jesus Christus bezeugt als der Menschgewordene, in dem Gott sich mit dem Menschen verbunden hat; als der Gekreuzigte und Auferstandene, der das Gericht Gottes auf sich genommen und darin die Liebe Gottes zum Sünder erwiesen hat, und als der Kommende, der als Richter und Retter die Welt zur Vollendung führt" (LK 9).

---

38 Der Begriff Gewissheit taucht zwar in LK 10 auf, aber nur im Zusammenhang der eschatologischen Hoffnung des Glaubens, verstanden als „Gewißheit, daß Gott seine Herrschaft vollenden wird".

## 2.6 Die Leuenberger Konkordie zur Rechtfertigungslehre

Der Hinweis auf das Kreuz muss jedenfalls nicht zwingend im Sinne der paulinischen Zuspitzung des Wortes vom Kreuz (1Kor 1,17 f.) gelesen werden, wie auch sonst nicht jede Gestalt einer Theologie des Kreuzes von Paulus her zu interpretieren ist. Die Ausführungen zum Abendmahl beziehen sich jedoch ausdrücklich auf 2Kor 5,19 und erklären, im Abendmahl verkündige die Gemeinde „den Tod Christi, durch den Gott die Welt mit sich selbst versöhnt hat" (LK 16). Als Konsens, der Kirchengemeinschaft begründet, genügt diese Deutung vollauf.

Die Lehrunterschiede der Reformationszeit im Bereich der Christologie werden im Anschluss an die Lehrverurteilungen angesprochen, die es bezüglich des Abendmahls gegeben hat. Gemeinsam formulieren die Kirchen: „In dem wahren Menschen Jesus Christus hat sich der ewige Sohn und damit Gott selbst zum Heil in die verlorene Menschheit hineingegeben. Im Verheißungswort und Sakrament macht der Heilige Geist und damit Gott selbst uns Jesus als Gekreuzigten und Auferstandenen gegenwärtig" (LK 21). Lutherische wie reformierte Kirche bejahen die altkirchliche Zwei-Naturen-Lehre, also die dogmatischen Entscheidungen des Konzils zu Chalcedon (451 n. Chr.). Während aber die reformierte Tradition die Unterscheidung der göttlichen und der menschlichen Natur betont – mit entsprechenden Konsequenzen für die Frage, wie die Gegenwart Christi im Abendmahl zu denken ist –, hebt die lutherische Tradition stärker die Einheit der Naturen hervor – die Konkordie spricht von „Personeinheit" (LK 22). Mit Recht verweist die Konkordie jedoch auch an dieser Stelle auf die „geschichtliche Bedingtheit" überkommener Denkformen. Was reformierte und lutherische Tradition zum Ausdruck bringen wollten, müsse auf neue Weise gedacht und zur Geltung gebracht werden. In diesem Zusammenhang sei nur auf die Kritik Schleiermachers an der altkirchlichen Zwei-Naturen-Lehre und ihrem Naturbegriff erinnert, die nicht univok auf Gott und Mensch anzuwenden sei. Auch wenn man

## 2 Das gemeinsame Verständnis des Evangeliums

Schleiermachers Lösung nicht folgen will, ist doch den Transformationsprozessen Rechnung zu tragen, welche Christologie und Theologie in der Neuzeit durchlaufen haben, weil die ontologischen Grundannahmen einer bestimmten Form von Metaphysik nicht mehr zu überzeugen vormochten. Eine relationale Ontologie anstelle einer Substanzontologie eröffnet neue Denkwege in der Christologie, durch welche die Lehrverurteilungen der Reformationszeit obsolet werden. Mit recht erklärt darum LK 23: „Angesichts dieser Sachlage können wir heute die früheren Verwerfungen nicht nachvollziehen".

### 2.6.5 Rechtfertigung, Kirche und Israel

Bemerkenswerterweise spricht die Leuenberger Konkordie gleich am Beginn der Passage zur Rechtfertigungslehre und somit an zentraler Stelle von Israel. Im Evangelium bzw. in Jesus Christus, so heißt es, erfüllt sich die „an das Volk des Alten Bundes ergangene Verheißung" (LK 7). Die Konsequenzen dieser Aussage werden in der Konkordie nicht weiter bedacht. Das ist jedoch in der Studie „Kirche und Israel" geschehen, die 2001 von der 5. Vollversammlung der GEKE in Belfast angenommen wurde.[39]

In diesem gewichtigen Dokument heißt es unter anderem: „Im Anschluß an Paulus läßt sich die Kirche verstehen als die in Christus berufene Gemeinschaft; die im Christusgeschehen offenbarte und dem Menschen zugesprochene Rechtfertigung aus Glauben erweist sich als die Bestätigung des Handelns Gottes schon an Abraham (Röm 4). In gleicher Weise sieht der Apostel die Annahme der Völker durch Gott in der Verheißung an Abraham vorangekündigt (Gal 3,6–8)."[40] Und weiter: „Es gilt beides:

---

[39] Kirche und Israel. Ein Beitrag der reformatorischen Kirchen Europas zum Verhältnis von Christen und Juden, hg. v. Helmut Schwier (Leuenberger Texte 6), Frankfurt a.M. 2001.

[40] A. a. O., 66 f.

## 2.6 Die Leuenberger Konkordie zur Rechtfertigungslehre

Gott hat das Volk Israel erwählt, und: Er hat die Kirche aus Juden und aus den Völkern erwählt und dadurch zu seinem Eigentum gemacht. Gott hat Israel durch die Gabe der Tora seinen Bund gewährt, und: Er hat in der Erneuerung, Vertiefung und Erweiterung dieses Bundes mit Israel allein aus Gnade allen an sein Handeln in Christus Glaubenden seine Gerechtigkeit zugesprochen."[41]

### 2.6.6 Evangelium und Gesetz

Als Zuspruch oder Verheißung wird das Evangelium in LK 10 klar vom anklagenden Gesetz unterschieden. Das Gesetz soll aber offenbar nicht auf seine anklagende Funktion – in der Sprache reformatorischer Theologie: auf seinen *usus elenchticus* – reduziert werden. So spricht LK 11 von Gottes gleichermaßen forderndem wie gebendem Willen und in LK 10 von täglicher Umkehr und Erneuerung. Explizit taucht der Begriff des Gesetzes jedoch an keiner anderen Stelle der Leuenberger Konkordie mehr auf, auch nicht der Begriff des Gebotes. So lässt sich nur festhalten, dass zwischen Evangelium und Gesetz deutlich unterschieden wird, dass aber die genaue Zuordnung von Gesetz und Evangelium und die mit ihr verbundenen Fragen nach einem ersten und dritten Gebrauch des Gesetzes, die zwischen reformierter und lutherischer Tradition strittig waren, nicht angesprochen werden. Sie werden vielmehr in LK 39 unter den Lehrunterschieden, die in künftigen Lehrgesprächen zu erörtern seien, hinter den hermeneutischen Fragen im Verständnis von Schrift, Bekenntnis und Kirche an zweiter Stelle genannt. Tatsächlich wurde diese Weiterarbeit erst mit der Studie „Gesetz und Evangelium" aus dem Jahr 2001 geleistet.

In diesem Dokument erklären die Mitgliedskirchen der GEKE gemeinsam: „Gesetz und Evangelium gehören als Gottes Wort

---

41 A. a. O., 67.

## 2 Das gemeinsame Verständnis des Evangeliums

zusammen, sofern das Gesetz den ganzen Menschen in Anspruch nimmt für Gott, der ihm das Heil in der Gemeinschaft mit ihm zugedacht hat. Gesetz und Evangelium sind jedoch auch zu unterscheiden, da der Mensch in keiner Weise durch die Erfüllung der Forderungen des Gesetzes das Heil erlangt, sondern allein durch den Glauben an das Evangelium von der Gnade Gottes in Jesus Christus."[42] Auch sagen die Kirchen mit der biblischen und der reformatorischen Tradition, das Gesetz Gottes führe zur Erkenntnis der Sünde. Was nun die Frage des sogenannten dritten Gebrauchs des Gesetzes betrifft (*usus in renatis, usus praecipuus legis*), haben lutherische und reformierte Tradition bekanntlich unterschiedliche Akzente gesetzt. Doch gelangt die Studie zu dem Ergebnis: „Bei aller Unterschiedlichkeit besteht heute ein Konsens darin, dass das Gesetz als Gottes ‚heiliges, gerechtes und gutes Gebot' (Röm 7,12) die Gläubigen bleibend in Anspruch nimmt. Das kann jedoch nur dann gesagt werden, wenn dabei klar ist, (a) dass die Beachtung des Gesetzes in diesem Sinne Konsequenz der Heilszusage ist und nicht deren Voraussetzung oder Bedingung, und (b) dass diese Konsequenz kein beliebiger Zusatz ist, der der Heilszusage auch fehlen könnte. Das Gesetz hat also eine andere Bedeutung je nach seinem Verhältnis zum Evangelium und zu dem in ihm ergehenden Gnadenzuspruch. Das vom Evangelium isolierte Gesetz wird zum tötenden Buchstaben. Es ist nun das Gesetz, das unter der Macht der Sünde steht und sich darum heillos und gnadenlos auswirkt. Hingegen ist das mit dem Evangelium verbundene Gesetz hinein genommen in den Machtbereich der Gnade. Es ist damit jenes ‚heilige, gerechte und gute Gebot' Gottes, seine nicht tötende, sondern hilfreiche Weisung für die, die sein Evangelium hören und ihm vertrauen."[43]

---

42 Gesetz und Evangelium (s. Anm. 9), 57.

43 A. a. O., 58.

## 2.6 Die Leuenberger Konkordie zur Rechtfertigungslehre

Interessant ist in diesem Zusammenhang ein weiterer Blick auf die Studie „Kirche und Israel", weil auch in ihr das Thema Gesetz und Evangelium angesprochen wird. In Verbindung mit dem Erwählungsgedanken, der Erwählung Israels wie auch der Erwählung der an Christus Glaubenden, erklärt das Dokument: „Nach biblischem Verständnis ist in die Erwählung des Volkes eine Verpflichtung eingeschlossen: Durch die Einzigkeit Gottes ist alles Tun des Menschen in den Horizont des Ersten Gebots gestellt."[44] Weiter heißt es dazu: „Der Kirche wird der Sinn und die Bedeutung des Ersten Gebotes durch Jesus Christus erschlossen. In der Begegnung mit Gottes Volk Israel wird sie immer wieder an die überragende Bedeutung des Ersten Gebotes für Glaube und Handeln erinnert. Vom erwählenden Handeln Gottes her ergeben sich bestimmte Pflichten für das Leben der von Gott erwählten Gemeinschaft: Israel als das von Gott erwählte Volk ist an Gottes Weisung, die Tora, gewiesen und durch das Liebesgebot an Gott gebunden. Für die christliche Gemeinde ist ihr Bekenntnis zu Jesus Christus die Antwort auf Gottes Selbstoffenbarung und darin zugleich die Antwort auf das Erste Gebot: Die Erwählung in Christus enthält die Verpflichtung auf das Gebot, den Einen Gott und den Nächsten zu lieben (Mk 12,28–32; Röm 13,8 f.) und auf die Weisung, ‚einer trage des anderen Last', und so das ‚Gesetz Christi' zu erfüllen (Gal 6,2)."[45] Diese Verpflichtung wird nun aber im Zusammenhang der Rechtfertigungsbotschaft interpretiert: „Nachfolge Jesu Christi bedeutet für die Kirche, daß allein durch den Glauben an Gottes Heilstat in Christus Vergebung der Sünden, Gerechtigkeit und ewiges Leben geschenkt werden (Confessio Augustana, Art. IV). Daraus folgt, daß der Glaube ‚gute Früchte und gute Werke hervorbringen soll'; dabei sollen die Glaubenden aber nicht auf

---

44 A. a. O., 64.
45 Kirche und Israel (s. Anm. 39), 65.

Werke vertrauen, sondern sie wissen, daß ‚Vergebung der Sünde und Gerechtigkeit durch den Glauben an Christus' empfangen werden (Confessio Augustana, Art. VI). Die Kirche bekennt, daß ‚Jesus Christus, wie er uns in der Heiligen Schrift bezeugt wird, das eine Wort Gottes [ist], das wir zu hören, dem wir im Leben und im Sterben zu vertrauen und zu gehorchen haben'; wie Christus ‚Gottes Zuspruch der Vergebung aller unserer Sünden ist', so ist er auch ‚Gottes kräftiger Anspruch auf unser ganzes Leben' (Theologische Erklärung der Bekenntnissynode von Barmen, These I und II)."[46] Die ausführlichen Hinweise auf die Studie und Israel veranschaulichen, wie die Grundaussagen der Leuenberger Konkordie zur Rechtfertigungslehre produktiv weitergedacht worden sind und zeigt einmal mehr, wie wenig man von ihr behaupten kann, dass sie trotz ihrer zentralen Stellung am Beginn der Konkordie letztlich ein isoliertes Lehrstück bleibe.

### 2.6.7 Die Rechtfertigung des Sünders als trinitarisches Geschehen

Das zeigt auch die Studie „Gesetz und Evangelium". Im Anschluss an die zitierten Aussagen zum Gesetz, die sich heute von Lutheranern, Reformierten, Unierten, Waldensern, Hussiten und Methodisten gemeinsam treffen lassen, heißt es im nächsten Abschnitt: „Die Lehre von der Rechtfertigung hat für die Reformatoren ihre Wahrheit und ihre einzigartige Bedeutung nur im Zusammenhang des trinitarischen Glaubensbekenntnisses. Christus schenkt sich den Glaubenden, um sie durch seinen Geist nach dem Bild Gottes zu gestalten. Von diesem Geschehen darf das Evangelium nicht gelöst werden, sonst wird es zur abstrakten Verkündigung eines Freispruchs und erstarrt zu einem terminus technicus ‚Rechtfertigung'."[47]

---

46 Ebd.
47 Gesetz und Evangelium (s. Anm. 9), 58.

## 2.6 Die Leuenberger Konkordie zur Rechtfertigungslehre

Erwähnenswert ist dieser Absatz, weil er die trinitätstheologische Verankerung der Rechtfertigungslehre unterstreicht, die schon in der Leuenberger Konkordie klar zum Ausdruck kommt. Die Kritik von Martens, dass diese Verbindung – im Gegensatz zur lutherischen Lehre – in der Konkordie fehle, ist daher völlig haltlos. LK 10 beschreibt doch ganz deutlich das Heilsgeschehen bzw. die Heilszueignung als trinitarisches Geschehen: Gott (der Vater) ruft den Menschen durch sein Wort *im Heiligen Geist* zur Umkehr und spricht ihm *in Jesus Christus* seine Gerechtigkeit zu. Auch im Blick auf die Verkündigung und die Sakramente spricht LK 13 von der Gegenwart Christi durch den Heiligen Geist. Die Aussagen werden in LK 21 wieder aufgenommen: „Im Verheißungswort und Sakrament macht der Heilige Geist und damit Gott selbst uns Jesus als Gekreuzigten und Auferstandenen gegenwärtig". Die trinitarische Verankerung des Rechtfertigungsgeschehens wie auch insbesondere seine pneumatologische Dimension kommt also klar zur Sprache.

### 2.6.8 Rechtfertigung, Ekklesiologie und Eschatologie

In eins damit tritt aber auch die ekklesiologische Dimension des Rechtfertigungsgeschehens hervor: „So wird den Menschen die Rechtfertigung in Christus zuteil, und so sammelt der Herr seine Gemeinde. Er wirkt dabei in vielfältigen Ämtern und Diensten und im Zeugnis aller Glieder seiner Gemeinde" (LK 13). Bereits LK 10 denkt Rechtfertigung, Heiligung und Kirche zusammen, wenn es heißt, der gerechtfertigte Sünder „lebt in täglicher Umkehr und Erneuerung zusammen mit der Gemeinde im Lobpreis Gottes und im Dienst am anderen, in der Gewißheit, daß Gott seine Herrschaft vollenden wird".

Der soeben zitierte Satz lässt die eschatologische Dimension des Rechtfertigungsgeschehens anklingen, dessen Fortsetzung lautet: „So schafft Gott neues Leben und setzt inmitten der Welt den Anfang einer neuen Menschheit" (LK 10). Die eschatologische

## 2 Das gemeinsame Verständnis des Evangeliums

Dimension der Rechtfertigungsbotschaft kommt auch dort zur Sprache, wo auf das Gericht Gottes hingewiesen wird. Das geschieht einmal im Rahmen der christologischen Aussagen über Jesus Christus als den Kommenden, „der als Richter und Retter die Welt zur Vollendung führt" (LK 9), ferner in LK 11, wo vom „verantwortlichen Dienst in der Welt" die Rede ist und vom Eintreten der Christen „für irdische Gerechtigkeit und Frieden zwischen den einzelnen Menschen und unter den Völkern". Wenn sich die Christen gemeinsam mit anderen Menschen an dieser Aufgabe beteiligen und Weltverantwortung übernehmen, so tun sie dies, wie es in LK 11 heißt, „im Vertrauen darauf, daß Gott die Welt erhält, und in Verantwortung vor seinem Gericht". Mit ihrer eschatologischen und ihrer ekklesiologischen Perspektive unterbindet die Leuenberger Konkordie von vornherein ein individualistisches Missverständnis der Rechtfertigungsbotschaft.

### 2.7 Ausblick: Die Gegenwartsbedeutung der Rechtfertigungslehre

Wie wir gesehen haben, war es 1973 alles andere als selbstverständlich, die Rechtfertigungsbotschaft derart ins Zentrum eines evangelischen Konsensdokuments zu rücken, wie es die Leuenberger Konkordie getan hat. Ist die Rechtfertigungslehre nicht allenfalls noch ein Insider-Thema binnenkirchlicher Milieus? Sucht die Konkordie vielleicht die Lösung für ein Problem, das den Menschen längst abhanden gekommen ist?[48]

Bereits 1963 erklärte die vierte Vollversammlung des Lutherischen Weltbundes in Helsinki in ihrer oft zitierten Botschaft:

---

[48] Zum Folgenden vgl. Ulrich H. J. Körtner, Rechtfertigung – Botschaft für das 21. Jahrhundert. Eine Thesenreihe zum bevorstehenden Reformationsjubiläum 2017, in: MdKI 63 (2012), 113–115 (daraus wörtliche Auszüge).

## 2.7 Die Gegenwartsbedeutung der Rechtfertigungslehre

„Der Mensch von heute fragt nicht mehr: Wie kriege ich einen gnädigen Gott? Er fragt radikaler, elementarer, er fragt nach Gott schlechthin: Wo bist Du, Gott? Er leidet nicht mehr unter dem Zorn Gottes, sondern unter dem Eindruck von Gottes Abwesenheit, er leidet nicht mehr unter seiner Sünde, sondern unter der Sinnlosigkeit seines Daseins, er fragt nicht mehr nach dem gnädigen Gott, sondern ob Gott wirklich ist."[49]

Vordergründig betrachtet scheint die reformatorische Rechtfertigungslehre ihre Relevanz in der Moderne eingebüßt zu haben, weil sich das Gottesbild seit der Aufklärung radikal gewandelt hat und weil die Vorstellung von einem Jüngsten Gericht, die Frage nach dem gnädigen Gott und die Angst vor Sündenstrafen verblasst sind. Die moderne Infragestellung der Rechtfertigungslehre ist eng mit dem Theodizeeproblem verbunden. Die Theodizee mutiert zur Anthropodizee. Weil Gott fehlt, tritt an die Stelle der Rechtfertigung des Menschen eine Unkultur des Rechthabens (Martin Walser)[50]. So steht die vermeintliche Obsoletheit der reformatorischen Rechtfertigungslehre in einem eigentümlichen Widerspruch zum heute allgegenwärtigen Zwang zur öffentlichen Rechtfertigung und zur Tribunalisierung der modernen Lebenswirklichkeit (Odo Marquard)[51]. Das sollte bedenken, wer den christlichen Gedanken an das Jüngste Gericht als erledigten Mythos abtun möchte. Mit dem Zwang zur Selbstrechtfertigung steht im Grunde das eigene Dasein wie auch das Daseinsrecht vor dem Forum der öffentlichen Meinung ständig zur Disposition.

---

49 Botschaft der vierten Vollversammlung des Lutherischen Weltbundes in Helsinki [1963], in: Erwin Wilkens (Hg.), Helsinki 1963, 456–457, hier 456. Siehe dazu auch die Zusammenfassung der Diskussionsvoten, a. a. O., 448 ff.
50 Vgl. Martin Walser, Über Rechtfertigung, eine Versuchung, Reinbek 2012.
51 Vgl. Odo Marquard, Abschied vom Prinzipiellen. Philosophische Studien, Stuttgart 1981, 39 ff.

## 2 Das gemeinsame Verständnis des Evangeliums

Die Frage nach der Existenz Gottes ist keineswegs radikaler als die Frage nach dem gnädigen Gott (Walter Mostert)[52]. Doch ist auch diese falsch gestellt, weil sie in dieser Form immer noch ein Versuch der sündhaften Selbstbehauptung und Selbstrechtfertigung des fragenden Subjektes ist. Das war die eigentliche Pointe von Luthers reformatorischem Durchbruch.

Die Rechtfertigungsbotschaft richtet sich an den Menschen, der modern gesprochen, um seine Anerkennung kämpft. Existentielle und soziale Konflikte erklären sich nicht allein aus dem Kampf um Selbsterhaltung, sondern auch aus dem Kampf um Anerkennung (Hegel, Axel Honneth)[53]. Gesellschaftliche Konflikte lassen sich daher nicht auf ökonomische reduzieren, sondern sind immer auch moralische und – wie wir in jüngster Zeit wieder sehen – religiöse. Im – auch massenmedial ausgetragenen – Kampf um Anerkennung, Wertschätzung und Aufmerksamkeit werden die Menschen von der Angst vor der Bedeutungslosigkeit (Erich Fromm)[54] getrieben.

Auch die Schuldfrage und damit die Frage nach Vergebung und Annahme sind nicht wirklich verschwunden. Das von moralischen Schuldgefühlen geängstigte Gewissen mutiert vielmehr zum narzisstisch gekränkten Gewissen (Klaus Winkler)[55], das – psychoanalytisch gesprochen – weniger vom Versagen ge-

---

52 Vgl. Walter Mostert, Ist die Frage nach der Existenz Gottes wirklich radikaler als die Frage nach dem gnädigen Gott?, in: ZThK 74 (1977), 86–122.
53 Vgl. Axel Honneth, Kampf um Anerkennung. Zur moralischen Grammatik sozialer Konflikte, Frankfurt a. M. 1992.
54 Vgl. Erich Fromm, Die Furcht vor der Freiheit [1941], München 2000. Fromm deutet die Furcht vor der Bedeutungslosigkeit am Ende des Spätmittelalters als ein wichtiges Motiv der reformatorischen Verkündigung bei Luther und Calvin (76 ff.), kritisiert freilich, dass der Glaube bei Luther diese Angst nicht wirklich überwunden, sondern lediglich kompensiert habe.
55 Vgl. Klaus Winkler, Seelsorge, Berlin/New York 1997, 282.

genüber dem Über-Ich als gegenüber dem eigenen Ich-Ideal bedrückt wird. Allerdings ist auch die Erfahrung, im moralischen Sinne schuldig zu werden, eine bleibende Realität. Der Sinn der Rechtfertigungsbotschaft erschließt sich freilich nur, wenn nicht allein von unterschiedlichen Gestalten der Schuld, sondern auch von Sünde gesprochen wird. Darum gilt es darüber nachzudenken, wie heute theologisch verantwortlich von Sünde geredet werden kann, und zwar so, dass diese Rede als heilsam und befreiend erfahren wird.

Letztlich ist die Lehre von der bedingungslosen Annahme und Rechtfertigung des Gottlosen nichts anderes als eine Freiheitslehre.[56] Nach reformatorischem Verständnis sind Heilsgeschehen und Heilsgeschichte eine Geschichte der Freiheit, genauer gesagt, eine Geschichte der Befreiung. In diese Geschichte hineingenommen zu werden, um dadurch seines Lebens froh zu werden, das ist es, worum es in der Botschaft von der freien Gnade Gottes geht.

---

56 Zur Weiterführung siehe Ulrich H. J. Körtner, Reformatorische Theologie im 21. Jahrhundert (ThSt NF 1), Zürich 2010; ders., Das Evangelium der Freiheit. Potentiale der Reformation, Wien 2017.

# 3 Kirchengemeinschaft: Vielfalt erleben, erleiden und denken

### 3.1 Versöhnte Verschiedenheit – versöhnte Vielfalt

Der 17. März 1973 war die Geburtsstunde der Leuenberger Kirchengemeinschaft. An diesem Tag – es war der Samstag vor Reminiscere – wurde auf dem Leuenberg bei Basel die nach ihm benannte *Konkordie reformatorischer Kirchen in Europa* unterzeichnet. Dieses Dokument überwand die kirchentrennenden Gegensätze, die seit der Reformationszeit zwischen Lutheranern und Reformierten in den Fragen der Taufe, des Abendmahls, der Christologie und der Lehre von der göttlichen Erwählung (Prädestination) bestanden hatten. Seither ist es möglich, gemeinsam das Abendmahl zu feiern und volle Kirchengemeinschaft zu praktizieren. Die einzelnen Kirchen mit ihrer besonderen konfessionellen Identität und Bekenntnistradition bleiben bestehen. Sie gehen nicht in einer protestantischen Einheitskirche auf, sie erkennen aber gegenseitig die Ordination ins Pfarramt an, so dass zum Beispiel eine lutherische Pfarrerin in einer reformierten Gemeinde oder ein reformierter Pfarrer in einer lutherischen Gemeinde tätig sein kann, ohne deshalb von der einen in die andere Kirche übertreten zu müssen.

Der Weg nach Leuenberg war lang. Er reicht im Grund schon bis in die Reformationszeit zurück, wo man in Religionsgesprächen die zwischen Lutheranern und Reformierten aufgebrochenen Gräben vergeblich zu schließen versuchte.[1] Im

---

1 Zur Vorgeschichte vgl. Martin Friedrich, Von Marburg bis Leuenberg. Der

## 3.1 Versöhnte Verschiedenheit – versöhnte Vielfalt

19. Jahrhundert gab es eine innerevangelische Unionsbewegung, aus der unierte Landeskirchen hervorgegangen sind. Auf dem Weg nach Leuenberg gab es im 20. Jahrhundert eine Reihe von Lehrgesprächsinitiativen. Erst mit Leuenberg kam der Durchbruch, gerade weil keine neue Form von Kirchenunion, sondern eine Gemeinschaft von rechtlich weiterhin selbständigen Kirchen erklärt wurde. Lehrunterschiede bleiben bestehen, haben aber fortan keine kirchentrennende Bedeutung mehr. Der entscheidende Grundgedanke lautet, dass „das grundlegende Zeugnis der reformatorischen Bekenntnisse von ihren geschichtlich bedingten Denkformen zu unterscheiden" ist (LK 5). Das gilt namentlich für das Abendmahl, die Christologie und die Erwählungs- oder Prädestinationslehre.

Inzwischen gehören der Leuenberger Kirchengemeinschaft, die seit 2003 den Namen „Gemeinschaft Evangelischer Kirchen in Europa" (GEKE) trägt, 96 Kirchen an. Unterzeichnerkirchen waren zunächst lutherische, reformierte, unierte und vorreformatorische Kirchen (die Waldenser in Italien und die Evangelische Kirche der Böhmischen Brüder in Tschechien). 1997 traten auch die methodistischen Kirchen Europas auf Basis einer gemeinsamen Erklärung der Leuenberger Kirchengemeinschaft bei. Andere Kirchen – die Evangelisch-Lutherische Kirche Finnlands und die (lutherische) Schwedische Kirche – beteiligen sich an der Arbeit der GEKE, ohne bisher Mitglied geworden zu sein.

Das theologische Grundverständnis der in der GEKE realisierten, erlebten und gelebten Kirchengemeinschaft wird heute durch die Formel von der Einheit in versöhnter Verschiedenheit zum Ausdruck gebracht, die zwar nicht in der GEKE selbst entstanden ist, aber in der Lehrgesprächsstudie *Die Kirche Jesu*

---

lutherisch-reformierte Gegensatz und seine Überwindung, Waltrop 1999; ders. Von der Reformation zur Gemeinschaft – 50 Jahre Leuenberger Konkordie, Leipzig 2022.

## 3 Kirchengemeinschaft: Vielfalt erleben, erleiden und denken

Christi aus dem Jahr 1994 programmatisch verwendet wird. „In solcher Einheit leben die durch die Leuenberger Konkordie verbundenen Kirchen"[2], heißt es dort.

„Dieses Verständnis von Kirchengemeinschaft", so wird weiter erklärt, „beziehen die Unterzeichnerkirchen der LK auch auf ihr Verhältnis zu den anderen christlichen Familien. Wo immer die Merkmale der wahren Kirchen angetroffen werden und eine lehrmäßige Übereinstimmung im Verständnis des Evangeliums gegeben ist, erkennen sie an, daß dort die Kirche Jesu Christi lebt, auch wenn dies umgekehrt nicht immer so gesehen wird."[3] Kirchengemeinschaft nach diesem Verständnis beschränkt sich also nicht nur auf die beteiligten protestantischen Kirchen, sondern ist das Ökumenemodell und die ökumenische Zielvorstellung der GEKE, über das sie konkret mit der römisch-katholischen Kirche in einer 2018 eingesetzten bilateralen Arbeitsgruppe das Gespräch sucht.

Bei anderen Kirchen, namentlich bei der römisch-katholischen Kirche, aber auch bei den orthodoxen Kirchen, stößt dieses Verständnis der ökumenisch anzustrebenden Einheit auf wenig Gegenliebe. Kardinal Walter Kasper und sein Nachfolger im Amt des Präsidenten des Päpstlichen Rates – seit 2022 Dikasterium – zur Förderung der Einheit der Christen, Kurienkardinal Kurt Koch, haben dem Ökumenemodell der GEKE mehrfach und entschieden eine Absage erteilt.

Es besteht aber nicht nur in diesem Dissens der Anlass, vertieft über das eigene Verständnis von Kirchengemeinschaft nachzudenken, um gegenwärtige Chancen und Hindernisse im ökumenischen Gespräch auszuloten. Auch Entwicklungen und

---

2 Die Kirche Jesu Christi. Der reformatorische Beitrag zum ökumenischen Dialog über die kirchliche Einheit (LT 1), hg. v. Michael Bünker u. Martin Friedrich, Leipzig ⁵2018, 71.

3 Ebd.

## 3.1 Versöhnte Verschiedenheit – versöhnte Vielfalt

Dynamiken innerhalb der GEKE und ihrer Mitgliedskirchen sowie in den protestantischen Kirchen und Konfessionsfamilien weltweit geben Anlass, das evangelische Verständnis von Kirchengemeinschaft, seine theologischen Grundlagen, seine Verwirklichung und seine möglichen Probleme selbstkritisch zu überprüfen. Kirchengemeinschaft denken, so ein weiteres Stichwort meiner Darlegung, ist keine abgeschlossene, sondern eine bleibende theologische Aufgabe.

Kirchengemeinschaft ist aber in erster Linie keine theologische Denksportaufgabe, sondern eine erlebte Realität. Kirchengemeinschaft im Sinne der Leuenberger Konkordie wird nicht nur in gemeinsamen Gottesdiensten im Rahmen von GEKE-Konsultation und GEKE-Vollversammlungen, sondern auf vielfältige Weise im Alltag der Kirchen und Kirchengemeinden erlebt. Darum steht auch das Stichwort „Vielfalt erleben" an erster Stelle. Mit ihm verbindet sich die Frage, wie sich die bereits realisierte und erlebte Kirchengemeinschaft vertiefen lässt, und zwar auch in organisatorischer Hinsicht. In ihrem Dokument *Kirchengemeinschaft – Church Communion – Com-munion Ecclésiale* aus dem Jahr 2018 hat die GEKE dazu weiterführende Überlegungen angestellt.[4]

Kirchengemeinschaft und die in ihr präsente Vielfalt wird aber nicht nur erlebt, sondern bisweilen auch erlitten. Fortbestehende Lehrunterschiede, aber auch Divergenzen in ethischen Fragen, bergen Konfliktpotential. Es gibt nicht nur fortschreitende Konvergenzen, sondern in manchen Fragen auch Zentri-

---

4 Vgl. Kirchengemeinschaft – Church Communion – Communion Ecclésiale, Endfassung von der 8. Vollversammlung in Basel zu eigen gemacht. Text online unter https://www.cpce-assembly.eu/dokumente/ (letzter Zugriff: 30.7.2023). Der Arbeitstitel des Dokuments lautete ursprünglich „Bleibe in der Zeit". Siehe auch das Strategiepapier der GEKE „Gemeinsam Kirche sein. Ziele 2020–2024" (https://www.leuenberg.eu/gemeinsam-kirche-sein-being-church-together-2020-2024/ [letzter Zugriff: 31.7.2023]).

fugalkräfte, welche die bestehende Kirchengemeinschaft auf eine Bewährungsprobe stellen. Man denke nur an die Themen der Frauenordination oder des Umgangs mit Homosexualität. Verhielte es sich anders, müsste nicht von Einheit in *versöhnter* Verschiedenheit gesprochen werden. Versöhnung, die nicht als menschliche Leistung, sondern als Gabe Gottes geglaubt, bekannt und erlebt wird, ist aber kein fester Besitz, sondern eine immer neu zu erhoffende Gabe. Kirchengemeinschaft zu leben, heißt manchmal eben auch, Kirchengemeinschaft zu erleiden, wie ja auch die Erfahrung von kirchentrennenden Unterschieden und Gegensätzen eine wichtige Triebkraft der ökumenischen Bewegung war und ist, die auch zur Vorgeschichte der Leuenberger Konkordie und der auf ihr gründenden Kirchengemeinschaft gehört. Es verhält sich allerdings keineswegs so, dass Trennungen immer als Quellen von Leiden empfunden werden. Man kann sich in der Splendid Isolation konfessioneller Identitäten oder in der Blase von Gleichgesinnten gut einrichten. Auch das gibt es in der Kirche, zwischen den Kirchen und innerhalb derselben. Was es heißt, aus dem Geist der in Christus gestifteten Versöhnung mit bestehenden Differenzen umzugehen, bedarf des theologischen Nachdenkens.

Gegenüber den Anfängen der GEKE wird heute der Begriff der Vielfalt anstelle des Begriffs der Verschiedenheit bevorzugt. In der Ökumene hat sich die Formel von der Einheit in der Vielfalt und der Vielfalt in der Einheit etabliert, die freilich unterschiedlich verstanden wird.[5] Vielfalt – im Englischen Diversity, im Französischen Diversité – ist heutzutage verbreitet ein positiv besetzter Begriff. Gern wird auch das Fremdwort Diversität benutzt. Diversität ist als solche aber keineswegs immer ein po-

---

5 Vgl. dazu Hermann Barth, Einheit in der Vielfalt und Vielfalt in der Einheit, Über das unterschiedliche Verständnis einer gemeinsamen Formel, in: ZThK 103 (2006), 443–460.

sitiver Wert. Es gibt auch destruktive Formen von Diversität. Eben darum muss auch, wenn von versöhnter Vielfalt anstelle von versöhnter Verschiedenheit gesprochen wird, über das Phänomen der Differenz und seine Ambiguitäten nachgedacht werden. Differenz ist ein Begriff, den es auch im Kontext ökumenischer Theologie gründlich zu bedenken gilt.

Kirchengemeinschaft als versöhnte Vielfalt erleben, erleiden und denken: Die Reihenfolge der Stichworte gibt die Gliederung meiner weiteren Ausführungen vor. Zunächst ist der Begriff der Kirchengemeinschaft also solcher genauer zu bestimmten.

## 3.2 Kirchengemeinschaft nach evangelischem Verständnis

Im Unterschied zum Weltrat der Kirchen oder zum Ökumenischen Rat der Kirchen in Österreich (ÖRKÖ) handelt es sich bei der GEKE nicht lediglich um eine Arbeitsgemeinschaft von Kirchen, sondern um eine echte Kirchengemeinschaft, die sich selbst als eine Gestalt von Kirche begreift. Dem Ökumenischen Rat der Kirchen und vergleichbaren nationalen Zusammenschlüssen gehören hingegen Kirchen an, die zwar das Selbstverständnis ihrer Partner respektieren, im Vollsinn des Wortes Kirche zu sein. Das muss aber nicht der eigenen Sicht auf das Gegenüber entsprechen. Beispielsweise ist die römisch-katholische Kirche Vollmitglied des ÖRKÖ, sie stuft aber bis heute die aus der Reformation hervorgegangenen Kirchen lediglich als kirchliche Gemeinschaften ein, die wohl Elemente des Kircheseins vorweisen können, denen aber nach katholischem Verständnis das gültige Weihesakrament fehlt. Dieser Umstand markiert weiterhin die entscheidende Differenz, die aus Sicht Roms die gemeinsame Eucharistiefeier von evangelischen und katholischen Christen unmöglich macht.

In der GEKE ist dies anderes. Ihre Mitglieder erkennen sich

gegenseitig im theologischen Vollsinn als Kirche an. Die geistliche Dimension der Kirchengemeinschaft wird dadurch unterstrichen, dass ihr englischer Name vor Kurzem von *Community of Protestant Churches*, in *Communion of Protestant Churches in Europe* geändert wurde. Auch in rechtlicher und organisatorischer Hinsicht wurde die Kirchengemeinschaft, deren letzte Vollversammlung 2024 in Sibiu stattfand, im Laufe der Jahre vertieft.

Der Originaltext der Leuenberger Konkordie wurde bekanntlich in deutscher Sprache verfasst. Aus ihr stammt auch der Begriff der Kirchengemeinschaft, den die Leuenberger Konkordie verwendet und der sich in der deutschen Sprache darüber hinaus in der ökumenischen Bewegung etabliert hat.[6] Im 19. Jahrhundert wurde der Begriff Kirchengemeinschaft als Selbstbezeichnung unierter Kirchen verwendet, die durch den Zusammenschluss lutherischer und reformierten Kirchen entstanden. Er wird auch im Hinblick auf den organisatorischen Zusammenschluss evangelischer Landeskirchen gebraucht. Auch außerhalb Deutschlands sind im Laufe der letzten beiden Jahrhunderte Unionskirchen entstanden. Bei evangelischen Unionskirchen ist nochmals zwischen Verwaltungsunion und Bekenntnisunion zu unterscheiden.

Theologische Grundlage des evangelischen Unionsgedankens ist das Kirchenverständnis in CA VII, auf das sich auch die Leuenberger Konkordie und seither weitere Dokumente der Leuenberger Kirchengemeinschaft bzw. der GEKE berufen. Demnach ist die Kirche die Gemeinschaft der Gläubigen, in welcher das

---

6 Zum Leuenberger Konzept der Kirchengemeinschaft vgl. auch Jan Gross, Pluralität als Herausforderung. Die Leuenberger Konkordie als Vermittlungsmodell reformatorischer Kirchen in Europa (FSÖTh 162), Göttingen 2018. Gross fasst seine Ergebnisse vorgreifend in vier Thesen zusammen (69–73).

## 3.2 Kirchengemeinschaft nach evangelischem Verständnis

Evangelium rein gepredigt und die Sakramente stiftungsgemäß gefeiert werden. Der lateinische Text von CA VII spricht freilich nicht von der Gemeinschaft (*communio*), sondern von der Versammlung aller Gläubigen[7] (*congregatio sanctorum*).[8] Die Wendung *sanctorum communio* findet sich im Apostolischen Glaubensbekenntnis[9]. Sie ist wiederum doppelsinnig und kann einerseits als Gemeinschaft der Heiligen (*communio hominum sanctorum*), andererseits aber auch als Gemeinschaft und gemeinsame Teilhabe an den Heilsgaben (*communio rerum sanctorum*) verstanden werden.[10] Die Doppelsinnigkeit der Wendung im Apostolicum ist theologisch sachgemäß, weil die Gemeinschaft der Glaubenden die Teilhabe an den Heilsgaben einschließt. Nach CA VII sind die reine Verkündigung des Evangeliums und die stiftungsgemäße Feier der Sakramente die beiden hinreichenden Kriterien der wahren Kirche. Als solche werden sie auch von den Unionskirchen des 19. Jahrhunderts und von der Leuenberger Konkordie übernommen.

Zu beachten ist nun aber auch die biblische Begründung, welche CA VII für das reformatorische Verständnis der einen heiligen christlichen Kirche (*una sancta ecclesia*)[11] gibt. Dass zu wahrer Einheit der Kirche (*vera unitas ecclesiae*)[12] mit den beiden Kriterien Genüge getan ist (*satis est*) und keine gleichförmigen, von Menschen eingesetzten Zeremonien notwendig sind, begründet CA VII mit dem Verweis auf Eph 4,4–6: „Ein Leib und ein Geist, wie ihr auch berufen seid zu einer Hoffnung eurer Berufung; ein Herr, ein Glaube, eine Taufe, ein Gott und Vater aller,

---

7 BSLK 61,4 f.
8 BSLK 61,4.
9 Vgl. BSLK 21,20 f.
10 Vgl. Die Kirche Jesu Christi (s. Anm. 2), I.1.3 (33); Kirchengemeinschaft (s. Anm. 4), Nr. 42 (10).
11 BSLK 61,2.
12 BSLK 61,6 f.

der da ist über allen und durch alle und in allen." Die Verse werden sowohl in der deutschen als auch in der lateinischen Version von CAVII nicht vollständig zitiert.[13]

Das Verständnis von Kirchengemeinschaft, das die Leuenberger Konkordie vertritt, stellt nun allerdings gegenüber dem bisher Gesagten ein Novum dar. Zwar trifft es zu, dass die Ekklesiologie der Konkordie und der durch sie begründeten Kirchengemeinschaft auf CA VII fußt. Allerdings handelt es sich nun gerade nicht um eine neue Union im Sinne der Unionsbewegung im 19. und 20.Jahrhundert. „Kirchengemeinschaft im Sinne dieser Konkordie bedeutet, daß Kirchen verschiedenen Bekenntnisstandes aufgrund der gewonnenen Übereinstimmung im Verständnis des Evangeliums einander Gemeinschaft an Wort und Sakrament gewähren und eine möglichst große Gemeinsamkeit in Zeugnis und Dienst an der Welt erstreben" (LK 29). Im Klartext bedeutet dies Kanzel- und Abendmahlsgemeinschaft, welche „die gegenseitige Anerkennung der Ordination und die Ermöglichung der Interzelebration" (LK 33) einschließt. Die beteiligten Kirchen bleiben rechtlich eigenständig, wie auch die Konkordie selbst erklärtermaßen nicht als ein neues Bekenntnis zu verstehen ist (vgl. LK 37), auch wenn der Begriff der Konkordie aus den Bekenntnisschriften des 16. Jahrhunderts bekannt ist.

Der Wille, die rechtliche Eigenständigkeit der Mitgliedskirchen nicht anzutasten, erklärt auch die anfangs bewusst intendierte institutionelle Schwäche der GEKE, die freilich mit Problemen behaftet ist, für die heute nach organisationalen Lösungen gesucht wird. Erste Schritte waren die Verabschiedung eines

---

[13] Die deutsche Fassung (BSLK 61,16 f.) zitiert nur Eph 4,4–5, die lateinische (BSLK 61,12–14) zitiert verkürzt Eph 4,5 f.: „Una fides, unum baptisma, unus Deus et pater omnium etc."

## 3.2 Kirchengemeinschaft nach evangelischem Verständnis

Statuts,[14] klarere Regeln für die Benennung von Delegierten für die Vollversammlungen und für die Verbindlichkeit ihrer Beschlüsse, präzise Bestimmungen zu den Aufgaben des Rates der GEKE und die Umwandlung des Exekutivausschusses in ein dreiköpfiges Präsidium, das die GEKE nach außen vertritt, die Einrichtung einer Geschäftsstelle, die inzwischen von einem hauptamtlichen Generalsekretär geleitet wird, sowie die Einsetzung von Fachbeiräten für Ökumene und ethische Fragen. Kraft des 2018 in Kraft getretenen Statuts ist die GEKE inzwischen eine Körperschaft öffentlichen Rechts im Sinne des österreichischen Protestantengesetzes von 1961 mit Sitz in Wien.[15] Die Studie „Kirchengemeinschaft" aus dem Jahr 2018 regt weitere Schritte zur Vertiefung der Ausgestaltung und weiteren Gestaltwerdung der Kirchengemeinschaft an, darunter die Erstellung einer Charta, welche „die gegenseitige geistliche Verpflichtung der Kirchen"[16] in folgenden fünf „Erfahrungsformen" bzw. an fünf „Orte[n] der Verifikation"[17] als Verbindlichkeit der Kirchengemeinschaft beschreiben soll: „a) Gemeinschaft im Gottesdienst, b) Gemeinschaft im Lehren durch theologische Weiterarbeit, c) Gemeinschaft wachsender Gestaltwerdung, d) Gemeinschaft des Zeugnisses und Dienstes im heutigen Europa, e) Gemeinschaft in ökumenischer Verantwortung"[18].

Im Blick auf die angesprochene ökumenische Verantwortung ist nun aber der Begriff der Kirchengemeinschaft noch weiter zu präzisieren. Auch wenn CA VII den Begriff der Versammlung bzw. der *congregatio* verwendet, vertritt die Leuenberger Konkordie

---

14 Text des Statuts online unter https://www.kirchenrecht.at/document/ 41983, ABl. Nr. 179/218 (letzter Zugriff: 31.7.2023).
15 § 2 Statut GEKE (s. Anm. 14).
16 Kirchengemeinschaft (s. Anm. 4), Nr. 112 (31).
17 A. a. O., Nr. 70 (19).
18 Ebd.

doch keine kongregationalistische Ekklesiologie. Es handelt sich nicht um den Zusammenschluss einzelner Gemeinden oder Kirchen, sondern um die eine Kirche Jesu Christi. Subjekt der erkannten und einander gewährten Kirchengemeinschaft ist der dreieinige Gott.[19] In jeder gottesdienstlichen Feier, in welche die Kirchengemeinschaft am elementarsten in Erscheinung tritt und erfahren wird, repräsentiert die versammelte Gemeinde die eine Kirche Jesu Christi, ohne doch allein die ganze Kirche zu sein.

Mit dem deutschen Wort Kirchengemeinschaft kann sowohl das lateinische *communio* als auch das lateinische *communitas* wiedergegeben werden. Die Leuenberger Konkordie wie auch die Studie „Die Kirche Jesu Christi" und weitere Grundlagentexte der GEKE lesen „Versammlung" bzw. *congregatio* in CA VII im Sinne von *communio*. Der Sprachgebrauch der GEKE legt somit das Gewicht auf die ekklesiale Qualität der Kirchengemeinschaft.[20] Dem trägt im Englischen die Namensänderung der GEKE von „church fellowship" in „church communion" Rechnung. Entsprechend lautet auch die Bezeichnung der GEKE im Französischen „Communion d'Eglises Protestantes en Europe" und nicht „communauté".

Eine weitere Präzisierung ist in ökumenischen Dialogen vonnöten, sowohl was den Begriff der *communio* als auch den Begriff der Union betrifft. Wenn die GEKE von ihrer ökumenischen Verantwortung spricht und ihr Verständnis von Kirchengemeinschaft als ökumenisches Modell über die Grenzen der beteiligten protestantischen Kirchen hinaus für wegweisend hält, ist weder an eine Union im Sinne der protestantischen Unionsbewegung im 19. und 20. Jahrhundert, noch im römisch-katholischen Sinne gedacht. Die römische Kirche kennt ja eine Reihe von altorientalischen und orthodoxen Kirchen, die in einer förmlichen Union

---

19 Vgl. Die Kirche Jesu Christi (s. Anm. 2), I.1.1 (32).
20 Vgl. Kirchengemeinschaft (s. Anm. 4), Nr. 46 (12).

mit Rom stehen. Diese Kirchen sind in Ritus und Kirchenrecht weiterhin eigenständig, erkennen aber den Papst als Oberhaupt der Kirche an. Communio und Einheit der Kirche hängen in diesen Fällen zum einen an der von den beteiligten Kirchen geteilten Überzeugung, dass das Bischofsamt ein konstitutives Element der Kirche ist, also nicht etwa nur zum bene esse, sondern zum esse der Kirche zählt, weil nur durch dieses ihre Apostolizität im Sinne der apostolischen Sukzession und damit die Einheit (unio) und Einigkeit (unitas) der Kirche gewährleistet ist. Nach römisch-katholischem Verständnis gehört überdies das Papstamt, auf der Grundlage von Mt 16,18 als „Petrusdienst" gedeutet, den der Papst in der Gemeinschaft mit den Bischöfen ausübt, zum esse der Kirche. Es ist bezeichnend, dass sich CA VII auf Eph 4,4–6 beruft, wo vom Bischofsamt nicht die Rede ist, von einem Papstamt ganz zu schweigen.[21] Zwar hat sich die GEKE in ihrer Lehrgesprächsstudie „Amt – Ordination – Episkopé" (2012) eingehend zum Amt der Episkopé nach evangelischem Verständnis geäußert, dabei aber betont, dass das Amt der Episkopé nicht nur personal, sondern auch kollegial ausgeübt werden kann, dass die konkrete Ausgestaltung in den einzelnen Kirchen voneinander abweichen kann, ohne die Einheit der Kirche zu gefährden oder gar zu zerstören, und dass der Dienst der Episkopé grundsätzlich in das nach CA XIV (in Verbindung mit CA V) besonders berufene Amt eingeschlossen ist.[22] „Die Ordnung der Ämter in der Kirche schließt den Dienst der Episkopé ein. Dieser Dienst garantiert nicht die Einheit der Kirche, aber dient der Kirche in ihrer Berufung, an der apostolischen Wahrheit festzuhalten und mit Christus im Glauben vereint zu bleiben."[23]

---

21 Vgl. Barth, Einheit (s. Anm. 5), 446.
22 Vgl. Amt – Ordination – Episkopé, in: Michael Bünker/Martin Friedrich (Hg.), Amt, Ordination, Episkopé und theologische Ausbildung (LT13), Leipzig 2013, Nr. 79 (140).
23 Ebd.

## 3 Kirchengemeinschaft: Vielfalt erleben, erleiden und denken

An dieser Stelle besteht zumindest gegenüber der römisch-katholischen Kirche, ihrer Ekklesiologie und ihrem Verständnis von Kirchengemeinschaft, aber doch wohl auch gegenüber den orthodoxen Kirchen ein bleibender Unterschied, der sich nur schwerlich auflösen lässt. Man mag es beklagen, dass die römische Kirche die aus der Reformation hervorgegangenen Kirchen weiterhin nicht als „Kirchen im eigentlichen Sinn" anzuerkennen bereit ist. Es würde vielleicht atmosphärisch, aber in der Sache nichts ändern, wenn die katholische Kirche ihre Sichtweise zurückhaltender formulierte, die reformatorischen Kirchen seien nicht Kirchen in dem von der römischen Kirche vorausgesetzten Sinn oder Kirchen eines anderen Typs. Im Sinne ökumenischer Redlichkeit sollten die evangelischen Kirchen öffentlich dazu stehen, dass sie – mit biblischen Gründen! – auch „gar nicht Kirche im katholischen oder orthodoxen Sinne sein"[24] wollen. Wie unter diesen Voraussetzungen die Vielfalt der Kirchen zu denken ist, ohne den Gedanken der Kirchengemeinschaft preiszugeben, wird uns im letzten Abschnitt meiner Ausführungen noch weiter beschäftigen müssen.

### 3.3 Vielfalt erleben

Gegenüber vergangenen Epochen, in denen die Pluralität des Christentums und die konfessionelle Vielfalt der Kirchen vornehmlich als Phänomen der Spaltung begriffen wurde, hat sich im Zeitalter der Ökumene ein Verständnis von Vielfalt als Reichtum des Glaubens, der von Gott geschenkten Fülle des Lebens und des Reichtums der Gaben des Heiligen Geistes entwickelt. Anstelle eines stark am Sündenbegriff orientieren Verständnisses von Vielfalt als Vielspältigkeit ist eine Auffassung getreten, die

---

24 Barth, Einheit (s. Anm. 5), 445, Anm. 5, einen Leserbrief von Bischof Heinz Josef Algermissen aus der FAZ vom 13.2.2006 zitierend.

## 3.3 Vielfalt erleben

eine Verbindung zwischen dem Glauben an den dreieinigen Gott und der kirchlichen Vielfalt zu erkennen glaubt. Die Vielfalt der Kirchen, ihrer unterschiedlichen Riten und Frömmigkeitstypen, erscheint dann als Spiegel der bunten Gnade Gottes. Bei aller theologischen Wertschätzung von Diversität, deren Loblied heute zumindest in den evangelischen Kirchen angestimmt wird, darf allerdings der Gesichtspunkt der Einheit nicht unter den Tisch fallen, der in der Ökumene üblicherweise mit dem hohepriesterlichen Gebet Jesu in Joh 17,20 f. oder eben auch mit der bereits zitierten Stelle aus Eph 4,4–6 in Verbindung gebracht wird. So lautet denn auch eine bekannte ökumenische Formel: „Einheit in der Vielfalt und Vielfalt in der Einheit". Einheit (*unitas*) ist eben nicht mit Uniformität zu verwechseln, Einmütigkeit (*concordia*) nicht mit Einförmigkeit (*conformitas*).

Der Ort, an dem die Vielfalt des Glaubens und der von Gott geschenkten Heilsgaben erfahren und erlebt werden kann, ist an erster Stelle der Gottesdienst. Zu denken ist dabei nicht nur an Gottesdienste und Andachten im Rahmen von GEKE-Vollversammlungen, GEKE-Konsultationen oder sonstigen Veranstaltungen. Zu denken ist auch nicht nur an die wechselseitige Teilnahme an Gottesdiensten anderer Konfessionen, sondern auch an neue gemeinsame liturgische Formen, an gemeinsames Liedgut und Kirchenmusik sowie an gemeinsame Gottesdienste vor Ort. Auf diesen Feldern wird Kirchengemeinschaft erlebbar und gelebt. So wichtig weiterhin Lehrgespräche und gemeinsame Stellungnahmen in der Öffentlichkeit zu gesellschaftlichen und ethischen Fragen auch sein mögen, entscheidend ist doch, dass Kirchengemeinschaft im Sinne der Leuenberger Konkordie auch mit Herz, Mund und Händen erlebt und gefeiert wird. Erinnert sei an konkrete Projekte wie „die Einführung eines Leuenberg-Sonntags, die Erarbeitung liturgischer Materialien für gemeinsame Gottesdienste, die Entwicklung und Einführung des GEKE-Gesangbuchs Colours of Grace (2007)" sowie „die Vernetzung der liturgischen Arbeit über ein vielgenutztes Internet-Portal und durch Gottesdienstkonsultationen"[25]. Orte, um Gemeinschaft in der Vielfalt zu erleben, sind auch gemeinsame Treffen von Synodalen oder von kirchenleitendenden Personen aus den Mitgliedskirchen. Wichtig für die Zukunft sind auch Begegnungstagungen für Angehörige der jungen Generation, zum Beispiel das Forum Junge Theologie, das 2022 zum Thema „Protestantismus zwischen Nationalismus und Kosmopolitismus" in Wien mit zwanzig Teilnehmerinnen und Teilnehmern aus zwölf Ländern stattfand.[26]

Vielfalt zeigt sich nicht nur in den unterschiedlichen theologischen Traditionen, sondern auch in ethischen Fragen. Die Vollversammlung der GEKE in Belfast 2001 fasste den programmatischen Beschluss, „die Stimme der evangelischen Kirchen in Europa deutlicher hörbar" werden zu lassen.[27] Neben anlassbezogenen Stellungnahmen ist seither eine Reihe von grundlegenden Studien und Orientierungshilfen erarbeitet worden, unter denen besonders die Studie „Tretet ein für Gerechtigkeit. Ethische Urteilsbildung und soziales Engagement der evangelischen Kirchen in Europa"[28] erwähnt sei, die 2012 von der 8. Vollversammlung der GEKE in Florenz entgegengenommen wurde. Ihre Bedeutung liegt darin, auf der Metaebene die Grundlagen, aber auch die Verfahren zu analysieren, auf deren Weg protestantische Kirchen zu ethischen Urteilen gelangen, wie sie mit der vorhandenen Pluralität ethischer Auffassungen umgehen

---

25 Kirchengemeinschaft (s. Anm. 4), Nr. 88 (25).
26 Vgl. den Bericht unter https://www.leuenberg.eu/forum-junge-theologie-tagung-protestantismus-zwischen-nationalismus-und-kosmopolitismus-in-wien/ (letzter Zugriff: 31.7.2023).
27 Vgl. Kirchengemeinschaft (s. Anm. 4), Nr. 121 (33).
28 Der Text ist im Internet abrufbar unter http://www.cpce-assembly.eu/media/pdf/Unterlagen/8-Tretet-ein-fuer-Gerechtigkeit.pdf (letzter Zugriff 4.5.2013).

und welche Grenzen der Diversität es in ethischen Fragen geben muss, wenn die Einheit in der Vielfalt nicht verloren gehen soll. Wie spannungsreich die erlebte Vielfalt in ethischen Fragen sein kann, zeigen die Beispiele der ethischen Fragen am Lebensende, der Reproduktionsmedizin, der Friedensethik oder auch des Umgangs mit gleichgeschlechtlichen Lebensgemeinschaften.

Gelegentlich ist vom Pluralismus als Markenzeichen des Protestantismus die Rede.[29] Tatsächlich hat die protestantische Tradition, wie Hermann Barth richtig feststellt, nur in wenigen Fragen Eindeutigkeit oder gar Einstimmigkeit gefordert, „nämlich in Grundfragen des Glaubens, mit denen die Kirche steht oder fällt. Fragen der Lebensform oder der Weltgestaltung, also die meisten Themen der Ethik, gehören dazu nicht."[30] Die Wendung Pluralismus als Markenzeichen ist freilich nicht nur auf katholischer Seite, sondern vereinzelt auch bei evangelischen Theologen auf Kritik gestoßen. Christofer Frey stellt allerdings klar: „Dass der Protestantismus pluralistisch sei, kann ohne Selbstwiderspruch nicht auf jener grundsätzlichen Ebene gelten, die Voraussetzung jeglichen humanen Pluralismus ist und deshalb die Anerkennung des anderen, den Zuspruch der Menschenwürde und den Schutz menschlichen Lebens begründen will. Ein Pluralismus gilt aber angesichts der Frage, welche empirischen Identifikatoren, gegebenenfalls mit Nachhilfe philosophischer Interpretation, zur Identifikation herangezogen werden können, um zu bestimmen, wann und wie der Schutz menschlichen Lebens oder die Konsequenz des Zuspruchs der

---

29 Vgl. Reiner Anselm/Johannes Fischer/Christofer Frey/Ulrich H. J. Körtner/ Hartmut Kreß/Trutz Rendtorff/Dietrich Rössler/Christian Schwarke/ Klaus Tanner, Pluralismus als Markenzeichen. Eine Stellungnahme evangelischer Ethiker zur Debatte um die Embryonenforschung, Frankfurter Allgemeine Zeitung, Nr. 19, 23.1.2002, 8.

30 Barth, Einheit (s. Anm. 5), 451.

Menschenwürde relevant werden."³¹ Nicht im Bereich der ethischen Grundlegung, wohl aber „im Bereich der pragmatischen Umsetzung in Problembereiche, die empirische Sachverhalte und hermeneutische Perspektiven in einem umfassen, ist ein Pluralismus der Anwendung prinzipieller Einsichten in Grenzen zu vertreten"³².

Die Stimme des Protestantismus, welche die GEKE seit der Vollversammlung in Belfast stärken möchte, ist nicht monoton oder unisono, sondern polyphon. Wird aber nicht über die Ambiguität von Vielfalt, die eben auch zur Zerstörung von Gemeinschaft und Einheit führen kann, sowie im Gegenzug über Grenzen der Diversität nachgedacht, droht die Polyphonie zur Kakophonie zu missraten. Das gilt auch in Glaubensfragen, also auf dogmatischem Gebiet, weshalb auch die Erfahrung zu bedenken ist, dass Vielfalt nicht nur als bereichernd erlebt, sondern als destruktive Erscheinung erlitten werden kann.

## 3.4 Vielfalt erleiden

Diversität ist kein Wert an sich. Das gilt in Glaubensdingen ebenso wie in anderen Lebensbereichen. Die zum Teil heftigen Kontroversen über heutige Identitätspolitiken veranschaulichen die Sprengkraft, die für die Gesellschaft wie für die Religionsgemeinschaften im Diversitätsgedanken liegen. Vielfalt kann eben auch erlitten werden, was allerdings voraussetzt, dass Menschen überhaupt zueinander in Beziehung stehen. Dann sind es unter Umständen gerade Gemeinsamkeiten, die trennen, und bestehende Unterschiede, die verbinden. Nur dort, wo völlige Bezie-

---

31 Christofer Frey, Pluralismus und Ethik. Evangelische Perspektiven, in: Reiner Anselm/Ulrich H. J. Körtner (Hg.), Streitfall Biomedizin. Urteilsfindung in christlicher Verantwortung, Göttingen 2003, 161–178, hier 173.

32 A. a. O., 174.

hungslosigkeit herrscht, muss Pluralität keinen Leidensdruck erzeugen. Wer sich in seiner eigenen Identität abschottet, braucht den Dialog mit anderen nicht. Wo dieser aber gesucht oder gar für notwendig gehalten wird, wie dies etwa in der Ökumene der Fall ist, kann die Erfahrung von Diversität zur Quelle geistigen und geistlichen Leidens werden.

Wie die Studie *Kirchengemeinschaft* feststellt, kann es „nicht darum gehen, Unterschiede zu überwinden, nur weil es Unterschiede sind. Es geht darum, den Charakter der Unterschiede zu verändern. Kirchentrennende Divergenzen müssen zu Ausdrücken des legitim unterschiedlichen Reichtums werden. Die Verfasser der L[euenberger] K[onkordie] haben dies im Blick auf die historischen Lehrverurteilungen geleistet. Dies muss auch weiterhin geschehen, damit kein Unterschied die Gottesdienstgemeinschaft aufs Neue in Frage stellt."[33]

Dem ist grundsätzlich zuzustimmen. Problematisch erscheint mir aber die Forderung, dass kirchentrennende Divergenzen um jeden Preis zu Ausdrücken eines legitimen unterschiedlichen Reichtums transformiert werden müssen. Das scheint mir gleichermaßen theologisch wie ethisch fragwürdig zu sein. Zwischen römisch-katholischer und reformatorischer Ekklesiologie bestehen Divergenzen, die sich nicht hermeneutisch nach dem Modell des differenzierten Konsenses auflösen lassen, weil es sich um eine Kontradiktion in der Sache handelt. Meines Erachtens besteht eine solche übrigens auch weiter in der Rechtfertigungslehre. Aus diesem Grund sind auch Erwartungen, wenn man nur lange genug konsensökumenische Gespräche führe, würden sich die Gegensätze auflösen oder doch zumindest soweit verringern lassen, dass es der katholischen Kirche möglich sein müsste, die aus der Reformation hervorgegangenen Kirchen als Kirchen nach römischem Verständnis anzuer-

---

33 Kirchengemeinschaft (s. Anm. 4), Nr. 92 (26).

## 3 Kirchengemeinschaft: Vielfalt erleben, erleiden und denken

kennen, unrealistisch. Viele Konvergenzpapiere kranken daran, dass schon die Zusammensetzung der bilateralen Kommissionen „die tatsächlichen theologischen Kontroversen nicht in genügendem Maße"[34] widerspiegeln. Auch bleibt der Status solcher Konsensdokumente oft im Unklaren. „Um zu tragfähigen und belastbaren Ergebnissen im ökumenischen Dialog zu gelangen, muss man sich die Aufgabe schwerer machen."[35]

Voraussetzung des „Leuenberger Modells" von Kirchengemeinschaft ist die in der Studie „Die Kirche Jesu Christi" getroffene Unterscheidung zwischen Grund, Gestalt und Bestimmung der Kirche. Auf Basis dieser Unterscheidung hat die Studie „Amt – Ordination – Episkopé" wegweisende Aussagen zum gemeinsamen Verständnis und zu Grenzen der Vielfalt innerhalb der GEKE getätigt. Divergenzen sind demnach tragbar, solange sie nicht den Grund, sondern die Gestalt der Kirche betreffen. Als Kriterien für Grenzen der Vielfalt nennt die Studie Schriftgemäßheit und Wirklichkeitsgemäßheit[36] und betont die Bedeutung der Hermeneutik in ökumenischen Dialogen. Sie weist auch darauf hin, dass kirchliche Spaltungen, zum Beispiel in der Ämterfrage, „nicht einfach das Ergebnis historischer Entwicklungen, sondern auch die Folge von Entscheidungen" sind, „die von Kirchen und ihren Leitungen getroffen wurden. [...] Eine dynamische Auffassung von Konfessionalität rechnet mit dem Wirken des Heiligen Geistes, und das heißt mit der geschichtlichen Entwicklung von Identitäten."[37] Die genannten Kriterien sollen als Prüfstein dienen, inwiefern die eigene konkrete Praxis einer Kirche, „z. B. die Verweigerung der Ordination von Frauen, ein Hindernis für die Kirchengemeinschaft darstellt oder zu ihrer

---

34 Barth, Einheit (s. Anm. 5), 449.
35 Ebd.
36 Vgl. Amt – Ordination – Episkopé (s. Anm. 22), 1.5.2 (112–115).
37 A. a. O., 112.

## 3.4 Vielfalt erleiden

Beeinträchtigung führen kann"³⁸. Solche Konfliktpunkte müssen klar benannt und im geschwisterlichen Gespräch, unterstützt durch das Gebet, im Geist der Liebe und in wechselseitigem Respekt geduldig bearbeitet werden.

Auf ethischem Gebiet hat die GEKE die Idee eines Korridors entwickelt, die man z. B. in der Orientierungshilfe zur Reproduktionsmedizin aus dem Jahr 2017 findet. Dort heißt es, es sei im Allgemeinen „das Ziel, einen ‚Korridor' authentischer evangelischer Positionen zu entwerfen, innerhalb von dessen Grenzen Diskussion, Auseinandersetzung und moralische Beurteilung stattfinden kann. Der Korridor mag an manchen Stellen schmaler sein als an anderen, und bei manchen Kernfragen kann er sich zu einem einzelnen Standpunkt verengen, auf den Protestanten aufgrund ihrer theologischen und moralischen Kernüberzeugungen festgelegt sind. Doch an anderen Stellen kann er breiter sein und ein Spektrum [an] Meinungen umfassen, die deutlich im Widerspruch zueinander stehen mögen, die sich jedoch alle aus authentischem evangelischem Denken ergeben. Die Grenzen des ‚Korridors' zu definieren und die Bedingungen zu klären, unter denen evangelische Meinungsverschiedenheiten in diesen Fragen ausgetragen werden sollten, kann bei einer Lösung dieser Differenzen helfen."³⁹

Die Problematik der Einheit in versöhnter Verschiedenheit betrifft nicht nur mögliche Streitfragen innerhalb der GEKE, sondern auch die Beziehungen, die Mitgliedskirchen außerhalb der GEKE zu anderen Kirchen oder Konfessionsbünden pflegen. Einerseits sind nach dem Vorbild der Leuenberger Konkordie ähnliche Vereinbarungen in den USA oder im Nahen Osten

---

38 A. a. O., 110.
39 „Bevor ich Dich im Mutterleib gebildet habe ...". Eine Orientierungshilfe zu ethischen Fragen der Reproduktionsmedizin des Rates der Gemeinschaft Evangelischer Kirchen in Europa (GEKE), Wien 2017, 22.

## 3 Kirchengemeinschaft: Vielfalt erleben, erleiden und denken

getroffen worden. Einige südamerikanische Kirchen der La-Plata-Synode sind der GEKE beigetreten. Fortschritte konnten im Dialog mit den Baptisten erzielt werden. Es gibt nun aber auch neue Modelle der Kirchengemeinschaft zwischen protestantischen Kirchen und der anglikanischen Kirchengemeinschaft, denen Mitgliedskirchen der GEKE beigetreten sind. Die Autoren der Studie „Kirchengemeinschaft" kommen zu dem Ergebnis, dass die Dokumente von Meißen, Reuilly und Porvoo letztlich den Grundsätzen der Leuenberger Konkordie entsprechen. Deshalb stehe „die Mitgliedschaft in der Porvoo-Gemeinschaft und in der GEKE nicht in Konkurrenz"[40]. Man kann allerdings einen warnenden Unterton im anschließenden Satz hören: „Sofern sie nicht die in der GEKE erreichten Ergebnisse in Frage stellt, dient die Doppelmitgliedschaft vieler Kirchen der Erweiterung und Vertiefung der ökumenischen Gemeinschaft."[41] Tatsächlich ist das Einheitsmodell der GEKE, wie die Studie weiter erklärt, „nicht auf Bewahrung des status quo, sondern auf die Gemeinschaft aller Christen ausgerichtet"[42]. Ob das Porvoo-Modell tatsächlich nur eine Variante des Leuenberger Modells von Kirchengemeinschaft ist[43] und ob die Aussagen von Porvoo zur apostolischen Sukzession und zum Bischofsamt widerspruchsfrei mit den Aussagen der Studie „Amt – Ordination – Episkopé" in Einklang stehen, sollte doch noch einmal gründlicher diskutiert werden. In jedem Fall müssen sich die Mitgliedskirchen der GEKE bei all ihren Entscheidungen fragen, welche Rückwirkungen diese möglicherweise auf die bestehende Kirchengemeinschaft der Leuenberger Konkordie haben, und sollten auch auf allen Ebenen ihres kirchlichen Lebens und Lehrens die Lehrbil-

---

40 Kirchengemeinschaft (s. Anm. 4), 35.
41 Ebd.
42 Ebd.
43 Vgl. ebd.

dung der GEKE einbeziehen. Last but not least sollte es, wie die Studie „Kirchengemeinschaft" richtig bemerkt, „selbstverständlich werden, dass die GEKE-Kirchen sich gemeinsam als eine Kirche verstehen und dies auch deutlich sagen und zum Ausdruck bringen"[44].

## 3.5 Vielfalt denken

In einem Vortrag, den er im März 2023 auf Einladung der Bischofskonferenz der Vereinigten Evangelisch-Lutherischen Kirche in Deutschland (VELKD) im Kloster Loccum gehalten hat, stellt Kardinal Koch die Diagnose, dass das Ziel der Ökumenischen Bewegung im Laufe der Zeit „stets undeutlicher geworden ist, als es an ihrem Beginn gewesen ist"[45]. Der GEKE macht er den Vorwurf, sich zu einseitig auf grundsätzliche Weise für Vielfalt und Differenz stark zu machen. Dass das Leuenberger Ökumenemodell zunehmend auch von katholischen Theologen in ökumenischen Dialogen mit den aus der Reformation hervorgegangenen Kirchen als Zukunftsmodell übernommen wird, löst bei Koch Erstaunen aus, weil es doch gemessen an den Grundzügen katholischer Ekklesiologie defizitär sei.[46] Sein Urteil fällt scharf aus: „Es ist bis heute nicht ersichtlich, wie die in der Leuenberger Konkordie leitende ökumenische Zielvorstellung einer Gemeinschaft von selbständigen und bekenntnisverschiedenen Kirchen mit dem biblischen Bild der Kirche als des einen Leibes Christi versöhnt werden könnte."[47]

---

44 Kirchengemeinschaft (s. Anm. 4), Nr. 96 (27).
45 Kurt Koch, Welche Einheit suchen wir? Reflexionen zum Ziel der Ökumenischen Bewegung in Katholischer Sicht, 13.3.2023, 3. Das Vortragsmanuskript liegt mit vor.
46 Vgl. Koch, Einheit (s. Anm. 45), 6.
47 Koch, Einheit (s. Anm. 45), 7.

## 3 KIRCHENGEMEINSCHAFT: VIELFALT ERLEBEN, ERLEIDEN UND DENKEN

Anders sehen das offenbar die Deutsche Bischofskonferenz (DBK) und die Evangelische Kirche in Deutschland (EKD), die im Frühjahr 2024 ein gemeinsames Wort zur Lage der Ökumene mit dem Titel „Mehr Sichtbarkeit in der Einheit und mehr Versöhnung in der Verschiedenheit" veröffentlicht hat. Beide Kirchen plädieren für das Modell einer prozessorientierten Ökumene, bei welcher gewissermaßen schon der Weg zur vollen Einheit das Ziel ist. Im Gegensatz zu Kardinal Koch sind die Autorinnen und Autoren des gemeinsamen Wortes der Auffassung, dass es sich bei „der Hoffnung auf sichtbare Einheit und dem Leitbild einer Einheit in versöhnter Verschiedenheit [...] keineswegs um einander ausschließende Positionen handeln muss"[48], wenngleich man die bestehenden Unterschiede nicht bestreiten wolle.

Mit ihrer prozedural gedachten Formel „Mehr Sichtbarkeit in der Einheit und mehr Versöhnung in der Verschiedenheit" möchten die Beteiligten den bestehenden Gegensatz der ökumenischen Zielvorstellungen herausfinden. Sie bedeute „keine (alternative) Gegenüberstellung von Einheit oder Verschiedenheit und ebenso wenig ein unvermitteltes Nebeneinander zweier vermeintlich konfessionsspezifischer alternativer Zielvorstellungen. Das ‚Mehr', das den ökumenischen Prozess prägen sollte, ist ein qualitatives ‚Mehr': Es steht für intensivere Bindungen, überzeugendere Gemeinschaft, für glaubhafte Versöhnung und bereichernde Vielstimmigkeit in der einen Kirche Jesu Christi. ‚Mehr Sichtbarkeit in der Einheit und mehr Versöhnung in der Verschiedenheit' zeigt sich in kommunikativer Verbundenheit, in relationaler Fülle und kultivierter Vielfalt."[49]

---

48 Deutsche Bischofskonferenz/Evangelische Kirche In Deutschland, Mehr Sichtbarkeit in der Einheit und mehr Versöhnung in der Verschiedenheit. Zu den Chancen einer prozessorientierten Ökumene (Gemeinsame Texte 30), Bonn/Hannover 2024 17.
49 A. a. O. (Anm. 48), 51 f.

## 3.5 Vielfalt denken

So sympathisch ein prozedurales Verständnis von Ökumene auch klingt, leidet das vorgestellte Modell doch an theoretischen Schwächen, die sich schon in den Komparativformeln zeigen. Im Blick auf Sichtbarkeit mag eine Steigerung denkbar sein, im Blick auf Versöhnung aber doch nicht. Wohl trifft es zu, dass der Weg zur Versöhnung ein Prozess ist. Aber Versöhnung als solche besteht oder sie besteht nicht. Die erreichte Versöhnung mag vertieft und mit Leben gefüllt werden, so wie das etwa in der Gemeinschaft Evangelischer Kirchen in Europa geschieht. Aber als solche ist Versöhnung nicht steigerungsfähig. Man kann auch nicht von einer teilweisen Versöhnung sprechen. Eine nur teilweise Versöhnung ist eben noch keine richtige Versöhnung, die den Namen verdient.

Hier stoßen wir nun aber auch auf ein ungelöstes Kernproblem des von DBK und EKD vorgeschlagenen Ökumenemodells. Die evangelische Formel von der Einheit in versöhnter Verschiedenheit setzt zwingend voraus, dass sich die Signatarkirchen der Leuenberger Konkordie uneingeschränkt als Kirchen anerkennen, und zwar nicht etwa nur nach dem jeweiligen Selbstverständnis der beteiligten Kirchen, sondern nach ihrem eigenen Kirchenbegriff. Das aber ist nun bei DBK und EKD eindeutig nicht der Fall. Zwar erkennen die evangelischen Kirchen auch die römisch-katholische Kirche trotz gravierender Unterschiede im Amts- und Sakramentsverständnis als Kirche an. Umgekehrt gilt das aber eben nicht, mögen auch einzelne katholische Theologen eine von der offiziellen lehramtlichen Position abweichende Auffassung vertreten. Solange aber die evangelischen Kirchen von der römisch-katholischen allenfalls als kirchliche Gemeinschaften respektiert werden, die ekklesiale Elemente haben, aber – im Unterschied zu den orthodoxen Kirchen – nicht im Vollsinn Kirche sind, kann in einem gehaltvollen Sinn von einer bereits bestehenden Versöhnung, für die es ein „Mehr" geben könnte, nicht die Rede sein. Auch sollte nicht aus dem Blick geraten, dass Versöhnung, unbeschadet aller menschlichen Bemühungen und aller Versöhnungsarbeit, eine Gabe Gottes ist und bleibt, ist doch die Versöhnung unter den Kirchen und der ihr zugehörigen Christenmenschen nicht ohne die Versöhnung zu denken, die Gott selbst in Jesus Christus gestiftet hat (vgl. 2Kor 5,19).

Das gemeinsame Wort von DBK und EKD versteht unter mehr versöhnter Verschiedenheit, „dass die Kirchen durch aktives gegenseitiges Interesse, dialogisches Verstehen und gemeinsame Erfahrungen Unterschiede, die sich aus unterschiedlichen Sichtweisen des Evangeliums ergeben, immer weniger als trennend, sondern als einander ergänzend und bereichernd erleben und darauf hinarbeiten können, konfessionelle Spezifika als zur Fülle des christlichen Glaubens und seiner Bezeugungsformen gehörend wahrzunehmen"[50]. Den harten ekklesiologischen Fragen weichen die Autoren damit allerdings aus. Sie setzen ihre Hoffnung besonders auf Gläubige, die „durch ihre Biografien und Engagements mit unterschiedlichen konfessionellen Traditionen vertraut sind und eine konfessionell komplexe Identität leben". Diese Menschen gelten als Hoffnungsträger und Wegbereiter der Versöhnung unter den Kirchen, denn sie „versöhnen und vermitteln in sich selbst die genuine Vielfalt des Glaubens. Sie bauen Brücken, sie eröffnen Gesprächsräume und verbinden Einzelne und Gruppen"[51]. Unbestreitbar kommt solchen Menschen eine wichtige Rolle im ökumenischen Prozess zu, wie auch dem Anliegen einer geistlichen Ökumene mehr Rechnung zu tragen ist. Individuelle Glaubensbiographien und -erfahrungen sind aber keine hinreichende theologische Basis für die Versöhnungsarbeit der Kirchen.

Dass sich auch Kardinal Koch zum Ökumene-Papier von EKD und DBK kritisch äußern würde, war zu erwarten.[52] Seine öku-

---

50   A. a. O. (Anm. 48), 56.
51   A. a. O. (Anm. 48), 57.

menische Vision besteht darin, analog zur Gemeinsamen Erklärung zur Rechtfertigungslehre eine Gemeinsame Erklärung über Kirche, Eucharistie und Amt zu erarbeiten, welche die drei Themen in ihrer unlösbaren Zusammengehörigkeit bearbeitet.[53] Aus Kochs Sicht steht die Ökumene vor der Entscheidung, „ob als Basis für die weiteren ökumenischen Gespräche mit den reformatorischen Kirchen das Verbindungsmodell, das die Leuenberger Konkordie darstellt, dienen soll oder das sakramental verstandene Konzept einer sichtbaren Einheit, wie es im Dokument des lutherisch-katholischen Dialogs in Finnland vorgeschlagen wird"[54].

Die Evangelisch-Lutherische Kirche Finnlands ist allerdings keine Mitgliedskirche der GEKE. Sie beteiligt sich zwar an der Arbeit der GEKE, hat aber die Leuenberger Konkordie nicht unterzeichnet. Ein sakramentales Verständnis sichtbarer Einheit, wie es die Finnische Kirche teilt, steht tatsächlich im Widerspruch zum Konzept der Einheit in versöhnter Verschiedenheit, wie es die GEKE vertritt. Aus meiner Sicht sind Kochs Ausführungen insofern zu begrüßen, als sie für mehr Klarheit sorgen, was die Aufgaben, Herausforderungen und Hindernisse im Gespräch zwischen der GEKE und der römisch-katholischen Kirche betrifft. Ich selbst halte die bisherige Konsensökumene und die Methode des differenzierten Konsenses, wie sie in der Gemeinsamen Erklärung zur Rechtfertigungslehre zur Anwendung gekommen ist, allerdings für keinen zukunftsreichen Weg. Die Geschichte der Gemeinsamen Erklärung und ihrer bisherigen Rezeption be-

---

52 Vgl. Benjamin Leven/Kurt Koch, „Mehr Klarheit über das ökumenische Ziel". Ein Gespräch mit Kardinal Kurt Koch über das neue deutsche Ökumene-Papier, https://www.herder.de/communio/theologie/ein-gespraech-mit-kardinal-kurt-koch-ueber-das-neue-deutsche-oekumene-papier/,19.4.2024 (letzter Zugriff: 1.5.2024).

53 Vgl. Koch, Einheit (s. Anm. 45), 8.

54 A. a. O., 12.

## 3 Kirchengemeinschaft: Vielfalt erleben, erleiden und denken

stärkt mich in der Einschätzung, dass sich die Ökumene in den zurückliegenden Jahrzehnten vom Modell der Konsensökumene zum Modell einer Differenzökumene – Wolfgang Huber spricht lieber von einer Ökumene der Profile[55] – weiterentwickelt hat.[56] Zwischen römisch-katholischer und reformatorischer Ekklesiologie bestehen – so lautet meine These – nicht nur Unterschiede in der Auslegung gemeinsamer Grundüberzeugungen, sondern im Kern kontradiktorische Widersprüche, die ganz wesentlich mit fortbestehenden Unterschieden in der Rechtfertigungslehre und ihren ekklesiologischen Konsequenzen zusammenhängen.

Konsense und neue Formen des gemeinsamen Bekennens sind mit solchen Bemerkungen keineswegs ausgeschlossen. Das „consentire" in den Grundzügen der Evangeliumsverkündigung und in der Verwaltung der Sakramente bleibt für die Kirchengemeinschaft nach evangelischem Verständnis notwendig und hinreichend.[57] Angesichts der Vielfalt sprachlicher und liturgischer Ausdrucksformen ist das *consentire* aber offensichtlich neu zu bestimmen,[58] nämlich als Kohärenz des unaufhebbar Differenten.[59] Für die Bestimmung solcher Kohärenz müssen hermeneutische Kriterien erst noch entwickelt werden. Theologische Erkenntnisfortschritte sind jedenfalls nur zu erwarten, wenn die in der bisherigen Konsensökumene praktizierte Hermeneutik

---

55 Vgl. Wolfgang Huber, Im Geist der Freiheit. Für eine Ökumene der Profile, Freiburg/Basel/Wien 2007.

56 Vgl. Ulrich H. J. Körtner, Wohin steuert die Ökumene? Vom Konsens- zum Differenzmodell, Göttingen 2005.

57 Vgl. CA VII.

58 Siehe dazu schon Anton Houtepen, Koinonia. Koinonia und Konsensus. Auf dem Weg zur Gemeinschaft in einem Glauben, in: Geiko Müller-Fahrenholz (Hg.), Bangalore 1978. Sitzung der Kommission für Glauben und Kirchenverfassung. Berichte, Reden, Dokumente (ÖR.B 35), 1979, 201–204.

59 Vgl. Konrad Raiser, Jenseits von Tradition und Kontext. Zum Problem einer ökumenischen Hermeneutik, in: ÖR 40 (1991), 425–435, hier 431.

des Entgegenkommens durch eine solche des Einspruchs ergänzt und relativiert wird, welche den ökumenischen Gesprächspartner zur Selbstprüfung und Profilierung zwingt – und zwar aufgrund der gemeinsamen Einsicht, einander wechselseitig als bleibend Anderer zu bedürfen, weil die Wahrheit des Glaubens nur in der unaufhebbaren Pluralität aufscheint.[60] Die Kirchen sind wechselseitig auf den Einspruch von außen angewiesen. Solcher Einspruch kann sich fallweise, muss sich aber nicht in allen Fragen als dauerhaft nötig erweisen. Die Gemeinschaft der Kirchen muss sich also nicht im wechselseitigen Einspruch erschöpfen, sondern kann – *ubi et quando visum est Deo!* – auch dazu führen, dass eine Glaubenslehre „allen Kirchen *gleichermaßen einleuchtet*"[61], so dass es zu einem ganz neuen *gemeinsamen* Bekennen, Lehren und Feiern kommt. Diese Hoffnung lässt sich aber nur pneumatologisch begründen, ist es doch nicht menschlicher Wille, sondern allein der Geist Gottes, der uns zu neuer Erkenntnis der Wahrheit führt.

Ein weiteres kommt hinzu. Wie die verschiedenen Religionen stehen auch die christlichen Konfessionen heute nicht nur

---

60 Vgl. auch Richard Schenk, Eine Ökumene des Einspruchs. Systematische Überlegungen zum heutigen ökumenischen Prozeß aus einer römisch-katholischen Sicht, in: Hans Otte/Richard Schenk (Hg.), Die Reunionsgespräche im Niedersachsen des 17. Jahrhunderts. Rojas y Spinola – Molan – Leibniz (SKGNS 37), 1999, 225–250, hier 247: „Gemäß der Hierarchie praktischer Wahrheiten besteht die wohl dringlichste Aufgabe der Ökumene heute nicht so sehr in gegenseitiger Annäherung, sondern vielmehr im Zugeständnis, daß man einander braucht, um zur Ganzheit zu kommen; dieses füreinander und für das Ganze Notwendigsein ist eine ausgezeichnete Note von ekklesialer Bedeutung und ekklesialem Selbststand."
61 Eberhard Jüngel, Um Gottes willen – Klarheit! Kritische Bemerkungen zur Verharmlosung der kriteriologischen Funktion des Rechtfertigungsartikels – aus Anlaß einer ökumenischen „Gemeinsamen Erklärung zur Rechtfertigungslehre", in: ZThK 94 (1997), 394–406 hier 406.

## 3 KIRCHENGEMEINSCHAFT: VIELFALT ERLEBEN, ERLEIDEN UND DENKEN

miteinander im Dialog, sondern nach wie vor in einer Konkurrenzsituation. Das gilt unbeschadet des Umstands, dass die Kirchen mit Blick auf die in Europa dramatisch sinkenden Mitgliederzahlen der bisherigen Volkskirchen und die verheerenden Auswirkungen sexuellen Missbrauchs in den Kirchen und systemischer Mängel bei seiner Aufarbeitung in einem Boot sitzen, das zu sinken droht. Gerade weil die Autonomie auch auf dem Gebiet der Religion im modernen demokratischen Rechtsstaat ein hohes Gut darstellt und Religionsfreiheit – einschließlich der Entscheidung, gar keiner Religion angehören zu wollen – zu den grundlegenden Menschenrechten gehört, Religion also eine Frage der persönlichen Wahl der Individuen ist, ist ein gewisses Maß an konfessioneller Konkurrenz unvermeidbar. Die Frage lautet aber, wie diese Konkurrenz so gestaltet werden kann, dass sie nicht auf einen für die Kirchen letztlich selbstzerstörerischen Exklusivismus partikularer Wahrheitsansprüche hinausläuft, der die christliche Botschaft von der universalen Liebe Gottes zu allen Menschen letztlich unglaubwürdig macht.

Die Antwort kann wohl nur in einer von konstruktiver Toleranz getragenen Ökumene des wechselseitigen konfessionellen Respekts bestehen.[62] Diese Option besagt, dass sich die Kirchen unbeschadet der vorhandenen Differenzen wirklich *als Kirchen* anzuerkennen haben, und dass diese Anerkennung nicht erst das Ergebnis, sondern die Voraussetzung künftiger ökumenischer Gespräche ist. Die wechselseitige Anerkennung der Taufe, auf die das prozedurale Ökumenemodell von DBK und EKD in ihrem gemeinsamen Wort „Mehr Sichtbarkeit in der Einheit und mehr Versöhnung in der Verschiedenheit" rekurriert,[63] genügt keineswegs. Betont sei, dass die wechselseitige Anerkennung der Kirchen als Kirchen, die z. B. auch in der Gemeinsamen Erklärung

---

62 So auch Barth, Einheit (s. Anm. 6), 444.
63 Vgl. DBK/EKD, Mehr Sichtbarkeit (s. Anm. 48), 44.

## 3.5 Vielfalt denken

zur Rechtfertigungslehre nicht vollzogen wird, keineswegs schon die volle Kirchengemeinschaft bedeuten muss.[64] Der theologische Grund für die vorausgehende Anerkennung aber, den ich als konstruktive Toleranz bezeichnen möchte,[65] liegt in dem gemeinsamen Glauben an die allen Menschen und auch den Kirchen zuvorkommende Gnade Christi, der nicht für die Gerechten, sondern für die Gottlosen und um ihrer Sünden willen gestorben ist.

Aus diesem Befund folgt keineswegs ein unkritisches Lob der Vielfalt und Verschiedenheit. Diversität ist kein Wert an sich, auch nicht in der Kirche Jesu Christi. Das wird – darin hat Kurt Koch Recht – in protestantischen Kirchen heute oftmals übersehen. Mit Recht spricht die GEKE, wie im vorigen Abschnitt gezeigt, in ihren Dokumenten aus jüngerer Zeit von Grenzen der Diversität („limits of diversity"). Das innerprotestantische Gespräch über diese Grenzen ist unter theologischem und insbesondere ekklesiologischem Gesichtspunkt zu vertiefen.

An dieser Stelle tritt auch ein Schwachpunkt der Vorstellung zu Tage, die Kirchen als Institutionen würden im Christentum der Zukunft von netzwerkartig interagierenden kleineren Zellen abgelöst.[66] Tilmann Haberers Vision eines nachvolkskirchlichen Christentums mit seinem Plädoyer für Desakralisierung bezieht sich anstelle der herkömmlichen Sakramente „viel stärker auf die Elemente des gemeinsamen Essens und Feierns"[67]. Nun kann man gut dafür argumentieren, die Feier des Abend-

---

64 Vgl. Eberhard Jüngel, Amica Exegesis einer römischen Note, in: ZThK.B 10 (1998), 252–279, hier 279.

65 Vgl. Körtner, Wohin (s. Anm. 56), 24. Siehe auch Ulrich H.J. Körtner, Versöhnte Verschiedenheit. Ökumenische Theologie im Zeichen des Kreuzes, Bielefeld 1996, 105–115.

66 Vgl. Tilmann Haberer, Kirche am Ende. 16 Anfänge für das Christsein von morgen, Gütersloh 2023, 86 f.

67 A. a. O., 152.

mahls im Kontext der jesuanischen und frühchristlichen Mahlpraxis zu interpretieren oder auch den diakonischen Aspekt des Abendmahls zu unterstreichen. Das alles sind notwendige, aber keineswegs hinreichende Deutungen des sakramental verstandenen Abendmahls bzw. der Eucharistie. Man kann auch argumentieren, dass sich viele Christen in ihrem Alltag um konfessionelle Differenzen, die offiziell weiterhin bei der Deutung dessen, was beim Abendmahl geschieht, nicht mehr scheren. Die Macht des Faktischen kann aber schwerlich als theologisch hinreichendes Argument dienen, wenn es um die Frage geht, unter welchen Voraussetzungen sich Kirchen wechselseitig im Vollsinn als Kirchen anerkennen können.

Besonders prekär scheint mir der Ansatz bei der Macht des Faktischen im Blick auf die Taufe zu sein. Solange es nur darum geht, dass Christen in Initiativgruppen miteinander agieren und Gottesdienste feiern, kann die Frage der wechselseitigen Anerkennung der Taufe in den Hintergrund treten. Die Frage, wer nach dem eigenen Selbstverständnis einer Kirche als getauft gilt, kann aber schon dann relevant sein, wenn es beispielsweise um die Begründung eines kirchlichen Arbeitsverhältnisses geht. Soll beispielsweise von einem evangelischen Kindergartenträger die Taufe eines Bewerbers, die in irgendeiner sich als christlich deklarierenden Gruppe vollzogen worden ist, als gültig angesehen werden? Ist die Taufe weiterhin als Sakrament zu betrachten, für dessen Gültigkeit bestimmte Kriterien gelten, oder handelt es sich lediglich um ein Ritual, bei dem es in der Hauptsache um „Stimmigkeit"[68] für die Beteiligten geht? Wer diesen theologischen Weg beschreitet, unterminiert letztlich den in der Magdeburger Erklärung von 2007[69] mühsam errungenen Konsens der beteiligten Kirchen zur wechselseitigen Anerkennung der Taufe

---

68 A. a. O, 165.
69 Vgl. Dazu Anne Käfer/Christian Neddens/Gilberto Da Silva/Tobias R.

und alle ernsthaften Bemühungen, auch mit den baptistischen Kirchen weiter nach einer tragfähigen theologischen Lösung zu suchen.

Grundlegend für eine künftige ökumenische Ekklesiologie – so lautet meine These – ist nicht ein undialektischer Begriff von Einheit, sondern ein theologischer Begriff von *Differenz*. Eine *theologische* Bestimmung des Differenzbegriffes beginnt ihrerseits mit einer Unterscheidung, nämlich mit der Differenz zwischen Unterscheidung, Unterschied und Trennung, zwischen Verschiedenheit, Vielfalt und Gegensätzlichkeit, zwischen Differenz und Antithese. Andernfalls wird die Existenz der verschiedenen Kirchen entweder einseitig als bloße Negation der einen Kirche Jesu Christi bzw. als Resultat menschlicher Sünde oder aber, nicht minder verkürzend, ausschließlich als lebendige Vielfalt eines Lebens aus dem Geist Gottes interpretiert. Beide Antworten sind gleichermaßen unzureichend und werden der geschilderten Komplexität der Differenz von Identität und Differenz im Christentum nicht gerecht.

Entsprechend der Unterscheidung von sichtbarer und unsichtbarer Kirche besteht die eine Kirche Jesu Christi im Glauben.[70] Zumindest nach evangelischem Verständnis ist daher die Katholizität der Kirche Jesu Christi als kreuzestheologisch begründetes Paradox zu deuten. Systemtheoretisch gesprochen handelt es sich bei der Einheit der Kirche um die Einheit einer unaufhebbaren Differenz, d. h. um eine paradoxe Einheit. Sie ist nicht uniforme Einheit, sondern eine in sich differente und komplexe Gemeinschaft. Theologisch ist diese paradoxe Einheit nun zwar sehr wohl pneumatologisch, d. h. als Gemeinschaft des Heiligen Geistes zu bestimmen. Der Geist Gottes aber muss seiner-

---

Schütze (Hg.), Unter einem Christus sein! Und streiten? Über Taufe und Anerkennung in ökumenischer Absicht (LThG 5), Leipzig 2024.

70 Vgl. Johannes Calvin, Inst. IV,1,3.

seits christologisch bestimmt werden.[71] Das heißt, es ist der Geist des gekreuzigten und auferweckten Christus,[72] der Gemeinschaft stiftet und bestehende Widersprüche miteinander versöhnt. Die eine Kirche als Gemeinschaft seines Geistes ist nur im Glauben gegeben. Die im Glauben erfahrbare Kirche Jesu Christi aber existiert nur in, mit und unter den Bedingungen ihrer Ausdifferenzierung in Konfessionen und Denominationen, die ihrerseits einer weiteren Binnendifferenzierung ausgesetzt sind.

In dieser Richtung, so lautet meine These zum Schluss, ist das Modell der Einheit in versöhnter Verschiedenheit vertiefend zu durchdenken. Welche Folgerungen daraus für das künftige Gespräch namentlich mit der römisch-katholischen Kirche zu ziehen sind, muss an dieser Stelle offenbleiben. Was es im ökumenischen Gespräch braucht, sind Gottvertrauen, Realitätssinn und Gelassenheit. Ohne visionären Geist und Aufbrüche in den Kirchen wird die Ökumene verkümmern. Der Grat zwischen geistgewirkten Visionen und falschen Illusionen ist aber schmal.

---

71 Siehe dazu Körtner, Wohin (s. Anm. 56), 29–31.
72 Zur Näherbestimmung des Geistes Gottes als Geist (Jesu) Christi vgl. Act 16,7; Röm 8,9; Phil 1,19; 1Petr 1,11.

# 4 Öffentliche Theologie als Gestalt einer Theologie der Diaspora

## 4.1 Kirche zwischen Umbruch und Aufbruch

In vielen Ländern der Welt leben Christen in der Minderheit. Auch in Regionen, in denen das Christentum traditionell die Mehrheitsreligion ist, nimmt die Zahl der Christen ab, so vor allem in Europa, während gleichzeitig in anderen Weltgegenden ihre Zahl im Wachsen ist. Für Deutschland prognostizierte das Freiburger Institut Forschungszentrum Generationenverträge (FZG) 2019, dass sich die Mitgliederzahlen der beiden großen Volkskirchen bis 2060 halbieren werde.[1] Tatsächlich verläuft der Prozess der Entkirchlichung schneller als vorhergesagt. Ende 2023 lag die Mitgliederzahl der Protestanten nur noch bei 18,3 Millionen, die der Katholiken Ende 2022 bei 20,9 Millionen. Die Gesamtzahl derer, die in Deutschland noch einer der beiden großen Volkskirchen angehören, betrug somit nur noch gut 46 Prozent.

Der Protestantismus im weitesten Sinne des Wortes deckt ein breites Spektrum von Denominationen ab. Während er sich gesamteuropäisch nicht erst in Folge der Säkularisierung in einer Minderheitensituation befindet, wächst er weltweit. Gleiches gilt für das charismatisch-pentekostale Christentum in seinen unterschiedlichen Ausprägungen. In Europa befindet sich der Protestantismus demographisch betrachtet jedoch auf dem

---

[1] Vgl. Kirche im Umbruch. Zwischen demografischem Wandel und nachlassender Kirchenverbundenheit Eine langfristige Projektion der Kirchenmitglieder und des Kirchensteueraufkommens der Universität Freiburg in Verbindung mit der EKD, Hannover 2019.

Rückzug. Das gilt vor allem für die traditionellen aus der Reformation hervorgegangenen Kirchen. Zwar gibt es auch in unseren Breitengraden historische Freikirchen und solche neueren Ursprungs, ein evangelikales Christentum und charismatische Gemeinden, die wachsende Mitgliederzahlen vermelden. Aber ihr Wachstum kompensiert bei weitem nicht die Abnahme der Mitgliederzahlen der evangelischen Landeskirchen.

Das Gesamtbild ist freilich noch vielschichtiger, gilt es doch auch die unterschiedlichen Konfessionen, Konfessionsfamilien und Einzelkirchen gesondert zu betrachten. Soziologisch betrachtet haben sich innerhalb der großen Kirchen unterschiedliche Gruppen und Milieus gebildet. Auch innerhalb der evangelischen Landeskirchen in Deutschland, Österreich oder der Schweiz gibt es, grob gesagt, „volkskirchlich-pluralistische, missionarisch-evangelistische und charismatische Visionen, ebenso ökumenisch-konziliare und politisch-emanzipatorische Visionen von Kirche"[2]. Außerhalb der und neben den bekannten kirchlichen und freikirchlichen Strukturen entstehen gleichzeitig „alternative Formen christlicher Frömmigkeit, die ihren Ausdruck in eigenständigen Denominationen und Konfessionen suchen, insbesondere im evangelikal-charismatischen Bereich".[3] Zusätzlich breitet sich infolge von Migration ein zahlenmäßig bedeutsamer orthodoxer Kirchentypus aus, der auch das ökumenische Gespräch mitbestimmt. Außerdem ist die Zahl von Migranten- oder Einwandererkirchen aus dem europäischen Ausland wie auch solcher mit asiatischer oder afrikanischer Herkunft seit den 1990er-Jahren stetig gewachsen. „Ein Teil der weltweiten Christenheit lebt mitten unter uns. Es entwickelt sich eine neue stilistische Vielfalt des Christlichen."[4]

---

2 Reinhard Hempelmann, Verschärfungen des religiösen und weltanschaulichen Pluralismus, in: MEZW 79 (2016), H. 1, 3–12, hier 5.
3 Ebd.

## 4.1 Kirche zwischen Umbruch und Aufbruch

Im Osten Deutschlands gehört beiden Konfessionen, der evangelischen wie der katholischen, nur eine verschwindende Minderheit der Bevölkerung an. Bei der Berechnung der Bevölkerungsanteile ist zwar die Veränderung der religiösen Demographie durch Migration von Nichtchristen, also vor allem von Muslimen, zu berücksichtigen. Sie ist jedoch für den Gesamttrend nicht ausschlaggebend, wenn man sich nicht nur die Prozentzahlen, sondern die absoluten Mitgliederzahlen anschaut. Als Erklärung reicht auch nicht der Verweis auf die Sterblichkeitsrate, welche die Geburtenrate im christlichen Bevölkerungsteil übertrifft. Schließlich wird man nicht als Christ geboren, sondern zum Christen getauft. Die Zahl der Taufen aber ist nochmals geringer als diejenige der Geburten. Eine wichtige Rolle spielen aber auch die Kirchenaustritte, deren Zahl in den evangelischen Kirchen prozentual höher als in der römisch-katholischen Kirche ist.

Infolge der kontinuierlichen Kirchenaustritte in den westlichen Bundesländern gleichen sich die religionsdemographischen Verhältnisse dort mehr und mehr denen in Mittel- und Ostdeutschland an. Der Unterschied zwischen Ost und West besteht allerdings darin, dass der Kirchenaustritt im Westen der Bundesrepublik eine bewusste Entscheidung ist, während die östlichen Bundesländer schon seit mehreren Generationen weitgehend entkirchlicht sind. Hier kehrt man nicht der Kirche den Rücken, sondern hat nie eine kirchlich-religiöse Sozialisation erfahren.[5] Es sind also nicht Enttäuschungen oder negative Erfahrungen mit der Kirche, die zur Abkehr führen, sondern Konfessionslosigkeit ist der Normalfall.

---

4 A. a. O., 6.
5 Vgl. Andreas Fincke, Kirche und Konfessionslosigkeit in West- und Ostdeutschland, in: MEZW 80 (2017), 243–249.

## 4 Öffentliche Theologie als Theologie der Diaspora

Nun weisen Religionssoziologen zu Recht darauf hin, dass Konfessionslosigkeit nicht mit Religionslosigkeit gleichzusetzen ist. Was man heute als religiösen Indifferentismus bezeichnet, kann unterschiedliche Schattierungen annehmen. Allerdings gibt es einen verbreiteten Gewohnheitsatheismus, der sich schon längst nicht mehr an der Gottesfrage oder am Theodizeeproblem abarbeitet, sondern dem selbst die Frage nach Gott abhanden gekommen ist. So wichtig es hinsichtlich der kirchlichen Arbeit, hinsichtlich Verkündigung, Seelsorge und Religionspädagogik auch ist, zwischen verschiedenen Ausprägungen von Religionsdistanz zu unterscheiden, so fragwürdig ist die These von einem religiösen Apriori als anthropologischer Konstante, weil diese den Anspruch erhebt, vermeintlich religionslose Menschen besser zu verstehen als diese sich selbst, womit deren Selbstdeutung nicht wirklich ernstgenommen wird.

Wie Gerhard Wegner halte ich die Annahme für falsch, der Umbruch, der sich in sinkenden Kirchenmitgliederzahlen niederschlägt, betreffe lediglich die kirchliche Gestalt des Christentums, also nur eine bestimmte Sozialgestalt des Christentums, nicht aber das Christentum als solches oder die Religion im Allgemeinen. Wegner hält dagegen: „Die Zeiten, in denen man unwidersprochen behaupten konnte, alle Menschen hätten im Grunde genommen religiöse Interessen, pflegten sie heutzutage allerdings höchst individualisiert, und der Geltungsverlust der Kirche läge daran, dass sie durch ihre Dogmatik und ihren autoritären Stil den Menschen nicht mehr gerecht werde[n] würde, sind vorbei. Natürlich muss weiterhin zwischen Religion und Kirche unterschieden werden – aber religiöse Kommunikation findet sich ohne Kirche kaum."[6]

---

6 Gerhard Wegner, Religiöse Kommunikation und Kirchenbindung. Ende des liberalen Paradigmas?, Leipzig 2014, 7.

## 4.1 Kirche zwischen Umbruch und Aufbruch

Schon vor zwanzig Jahren hat Detlef Pollack festgestellt, es sei „einfach nicht wahr, dass die Kirchen sich leeren, aber Religion boomt"[7]. Von einem Megatrend Religion oder Megatrend Spiritualität kann in Anbetracht der soziologischen Faktenlage wohl tatsächlich nicht die Rede sein,[8] es sei denn, man überdehnt den Begriff der Religion oder des Religiösen derart, dass am Ende alles und jedes als religiös oder „religioid"[9] gelten kann. Neben ambivalenten Phänomenen von Religion und Religiosität gibt es in der deutschen Gesellschaft einen verbreiteten und weiter um sich greifenden Gewohnheitsatheismus bzw. religiösen Indifferentismus.[10] Gerichtliche Auseinandersetzungen über Kruzifixe in öffentlichen Räumen oder die Diskussionen über die Zukunft des Religionsunterrichts sind ein Indikator für die Veränderungen im gesellschaftlichen Klima, was die Rolle von Religion im öffentlichen Raum betrifft.

Kritiker befürchten, Wegners These begünstige ein eng gefasstes Verständnis von Kirche und eine Selbstimmunisierung gegen innerkirchliche und innertheologische Kritik.[11] Doch ist

---

7 Detlef Pollack, Säkularisierung – ein moderner Mythos? Studien zum religiösen Wandel in Deutschland, Tübingen 2003, 137.
8 Vgl. Ulrich H. J. Körtner, Wiederkehr der Religion? Das Christentum zwischen neuer Spiritualität und Gottvergessenheit, Gütersloh 2006.
9 Der Begriff geht m. W. auf Georg Simmel zurück. Vgl. Volkhard Krech, Georg Simmels Religionstheorie (Religion und Aufklärung 4), Tübingen 1998, 66.
10 Vgl. Wolf Krötke, Gottesrede inmitten von Gottesvergessenheit. Zur bleibenden Herausforderung der christlichen Verkündigung Gottes durch den Atheismus, in: MEZW 70 (2007), 363–371; Michael Domsgen, Konfessionslosigkeit. Annäherungen über einen Leitbegriff in Ermangelung eines besseren, in: ders./Dirk Evers (Hg.), Herausforderung Konfessionslosigkeit. Theologie im säkularen Kontext, Leipzig 2014, 11–27, hier 19 ff.
11 Vgl. Georg Raatz, Zwischen Entdifferenzierung und Selbstimmunisierung. Eine kritische Analyse der fünften Kirchenmitgliedschaftsuntersuchung, in: DtPfrBl 114 (2014), 552–557. Differenzierter die Sicht von Jan

## 4 Öffentliche Theologie als Theologie der Diaspora

eine solche Lesart der These keineswegs zwingend. Hingegen immunisiert sich eine Religionstheorie, die das Christentum, vor allem in seiner protestantischen Gestalt, zum Sachwalter der Moderne erklärt, gegen jede Empirie und Kritik, weil ihr Konstrukt einer allgegenwärtigen subjektiven Religiosität, das moderne Subjektivität und Religion gleichsetzt, soziologisch nicht greifbar ist. Es handelt sich letztlich, mit Thomas Luckmann gesprochen, um eine „unsichtbare Religion"[12].

Tatsächlich zeigt sich, dass die Verbindung zur Religion schwindet, wo die Verbindung zur Kirche abreißt. Keineswegs suchen Menschen, die vielleicht schon in dritter Generation ohne kirchliche Prägung aufgewachsen sind, außerhalb der Kirchen nach anderen Formen von Religion oder Religiosität, will man nicht behaupten, wo immer die Frage nach dem Sinn des Lebens gestellt werde, handele es sich schon um Religion. Daher ist nicht nur die Kirchensoziologie zu neuen Ehren zu bringen, statt weiter ihre Ablösung durch Christentumsforschung zu propagieren,[13] sondern das Thema Kirche ist auch systematisch-theologisch neu zu reflektieren.

---

Hermelink/Eberhard Hauschildt/Birgit Weyel, Keine Herde von Gleichgültigen. Einige Ergebnisse der 5. Kirchenmitgliedschaftsuntersuchung wurden missverstanden, in: Zeitzeichen 15 (2014), 12–15. Siehe auch (mit Blick auf die 6. Kirchenmitgliederuntersuchung) Ulrich H. J. Körtner/ Jan-Heiner Tück, Es braucht eine Theologie, die von Kirche her und auf Kirche hin denkt, https://www.katholisch.de/artikel/48917-es-braucht-eine-theologie-die-von-kirche-her-und-auf-kirche-hin-denkt, 23.11.2023 (letzter Zugriff: 13.3.2024); dies, Ulrich H. J. Körtner/Jan-Heiner Tück, Für eine theologischere Theologie. Eine Antwort auf die Kritik von Rainer Bucher und Michael Schüßler, https://www.herder.de/communio/theologie/eine-antwort-auf-die-kritik-von-rainer-bucher-und-michael-schuessler-fuer-eine-theologischere-theologie/, 14.1.2024 (letzter Zugriff: 13.3. 2024).

12 Vgl. Thomas Luckmann, Die unsichtbare Religion, Frankfurt a. M. 1991.
13 Vgl. Detlef Pollack/Gerhard Wegner (Hg.), Die soziale Reichweite von Reli-

## 4.1 Kirche zwischen Umbruch und Aufbruch

Pluralisierung, Indvidualisierung und Säkularisierung bilden keinen Gegensatz. Kirche und christlicher Glaube befinden sich nicht nur im Umbruch, und es sind auch nicht nur Aufbrüche zu vermelden, die Glaube und Kirche zu neuem Leben erwecken, sondern es gibt auch Abbrüche. So berechtigt die Kritik an einer vorschnellen und undifferenzierten Rede vom Traditionsabbruch auch ist, das Zauberwort Umbruch oder Transformation kann nicht darüber hinwegtäuschen, dass es solchen Traditionsabbruch tatsächlich gibt, und zwar nicht nur außerhalb, sondern auch innerhalb der Kirchen. Teilweise wird er sogar in den Kirchen selbst begünstigt. Wolfgang Huber hat für dieses Phänomen den Begriff der Selbstsäkularisierung geprägt.[14] Solche Selbstsäkularisierung vollzieht sich nicht zuletzt durch die Moralisierung des Evangeliums, das heißt durch seine Reduktion auf eine moralische Botschaft oder ein Ensemble ethischer Normen und Werte.

Pluralisierung und Individualisierung des Christentums, seine Fragmentierungen wie auch neue konfessionsübergreifende Gruppierungen und Netzwerke, die sich als transkonfessionell begreifen, werfen verstärkt die Frage nach der Identität des christlichen Glaubens und der einzelnen Kirchen auf. Die schon im vorigen Kapitel aufgegriffene Diskussion über eine Ökumene der Profile oder eine Differenzökumene, die an die Stelle der bisherigen Konsensökumene tritt,[15] zeigt, wie stark inzwischen die Frage nach der jeweils eigenen Identität in den Fokus der Ökumene gerückt ist.

---

gion und Kirche. Beiträge zu einer Debatte in Theologie und Soziologie (Religion in der Gesellschaft, Bd. 40), Würzburg 2017.

14 Vgl. Wolfgang Huber, Kirche in der Zeitenwende. Gesellschaftlicher Wandel und Erneuerung der Kirche, Gütersloh 1998, 12 u. 31.

15 Vgl. Wolfgang Huber, Im Geist der Freiheit. Für eine Ökumene der Profile, Freiburg/Basel/Wien 2007; Ulrich H. J. Körtner, Wohin steuert die Ökumene? Vom Konsens- zum Differenzmodell, Göttingen 2005.

## 4 Öffentliche Theologie als Theologie der Diaspora

In dieser Lage genügt es nicht, sich in der Tradition liberaler Theologie auf den Geist der Reformation zu berufen oder vom Geist des Protestantismus zu sprechen und gleichzeitig zu meinen, man könne die Quelle reformatorischen Glaubens hinter sich lassen und den ewigen Protest gegen jede religiöse Festlegung zum Prinzip erheben. Es war Paul Tillich, der zu bedenken gab, der „ewige Protest" könne „dazu führen, daß jeder konkrete Inhalt beseitigt wird. [...] Das liberale Christentum hat nicht nur Kritik an der Religion geübt, es hat die Religion aufgelöst."[16]

Die Frage, wozu die Kirche (noch) gut ist, wird allerdings auch nicht überzeugend beantwortet, wenn man Dietrich Bonhoeffers griffige Formel von der Kirche für andere zitiert und vielleicht die Zukunft der Kirche darin sieht, dass sie ganz als diakonische Kirche, gewissermaßen nach Art einer zivilgesellschaftlichen NGO ausgerichtet wird. Bonhoeffers Formel krankt daran, dass sie eine verkürzte Beschreibung von Wesen und Auftrag der Kirche ist. Um nämlich Kirche für andere zu sein, muss die Kirche erst einmal Kirche sein und bleiben, nämlich die Gemeinschaft der an Christus Glaubenden. Nur wenn sie eine Kirche mit anderen ist, kann sie auch eine Kirche *für andere* sein, wie Wolfgang Huber in seiner 2019 erschienenen Bonhoeffer-Biographie richtig bemerkt.[17] Zwar entscheidet sich das Kirchesein der Kirche an ihrer Bereitschaft, sich für andere einzusetzen, deren Leben elementar bedroht und gefährdet und deren Würde missachtet und verletzt wird. Die Formel „Kirche für andere" schlägt aber einen aktivistischen Ton an, der leicht übersieht, dass die Gemeinschaft der Glaubenden, die für andere da sein soll, allererst gebildet und beständig neu gestärkt werden muss.

---

16 Paul Tillich, Der Protestantismus als Prinzip und Gestaltung (GW VII), Stuttgart 1962, 136.
17 Vgl. Wolfgang Huber, Dietrich Bonhoeffer. Auf dem Weg zur Freiheit. Ein Portrait. München 2019, 85 f.

## 4.1 Kirche zwischen Umbruch und Aufbruch

Eine Theologie für die Kirche der Zukunft, konkret: Theologie im Pfarramt, benötigt eine auf die Praxis der Gemeindearbeit wie auf die eingangs geschilderten Umbrüche bezogene Theorie der Kirche. Die theologische Kompetenz von Pfarrerinnen und Pfarrern kann nicht einseitig auf die empirischen Zustände der heutigen Berufswelt des Pfarramtes zugeschnitten werden. Sie ist um ihres Praxisbezuges willen auf ein unter Umständen kontrafaktisches, jedenfalls normatives, Leitbild von Kirche angewiesen. Tritt an die Stelle normativer und unter Umständen kontrafaktischer ekklesiologischer Leitbilder eine rein empirisch begründete, gewissermaßen nachfrage- und marktwirtschaftlich orientierte Ausrichtung kirchlichen Planens und Handelns auf religiöse Gegenwartsbedürfnisse, so mutiert die Kirche schließlich zur religiösen Doppelgängerin der Gesellschaft, die sich über kurz oder lang selbst überflüssig macht.

Es stellt sich die theologische Grundsatzfrage, wieweit Reformbemühungen sogenannten Sachzwängen folgen oder dezidiert theologischen Grundsätzen und Kriterien entsprechen, die sich systematisch-theologisch begründen lassen. Freilich geht es nicht um die Top-down-Anwendung einer normativ vorgegebenen Ekklesiologie in der kirchlichen Praxis, sondern um ein Wechselspiel von Theorie und Empirie, durch welches dogmatisch-normative Aussagen über Gestalt, Wesen und Aufgabe der Kirche immer wieder auf den Prüfstand gestellt werden. Kurz, eine systematisch-theologische Theorie der Kirche ist ihrerseits in kybernetischer Absicht zu formulieren, damit sie ihre Steuerungsaufgabe im Alltag der Kirche und der Kirchenleitung erfüllen kann, die in den gegenwärtigen Reformdebatten neu in Erinnerung zu rufen ist.

Im Folgenden möchte ich der Frage nachgehen, wieweit der Begriff der Diaspora hilfreich sein kann, um die gegenwärtige Situation der Kirche in der Gemengelage von Umbruch, Abbruch und Aufbruch theologisch zu erhellen. Mein Ziel ist es, systematisch-theologische Überlegungen zur Zukunft der Kirche anzustellen und nicht etwa nur in der Analyse der Gegenwart stecken zu bleiben.

## 4.2 Theologie der Diaspora

Ein biblischer Topos, mit dessen Hilfe die Minderheitensituation von Christen oder einer Kirche benannt werden kann, ist derjenige der Diaspora. Auf christliche Gemeinden gemünzt findet sich das griechische Wort in Jak 1,1 und 1Petr 1,1, also lediglich an wenigen Stellen und zudem in späten Schriften des Neuen Testaments. In Joh 7,35 wird es im Zusammenhang mit Juden verwendet, die verstreut außerhalb des jüdischen Kernlandes leben. Apg 8,1.4 gebraucht das Verb *diaspeíresthai* („zerstreut werden") im Zusammenhang mit der Verfolgung der Jerusalemer Christen, die in die Gegenden von Judäa und Samarien flüchteten.

Das griechische Verb und das dazugehörige Substantiv diasporá („Zertreuung") sind offensichtlich aus der Septuaginta übernommen worden, in der das Verb über 40mal und das Substantiv zwölfmal vorkommt. Die Zerstreuung der Juden im gesamten östlichen Mittelmeerraum wird in Septuaginta und Judentum allerdings vom Exil (hebr. gôlā/galut) terminologisch unterschieden.[18] Auch in der mittelalterlichen und frühneuzeitlichen jüdischen Kultur spielt der Diasporabegriff keine Rolle. Im modernen Hebräisch gibt es den Begriff Tefuza.[19] Er bezeichnet die Diaspora, in der man ein gedeihliches und geschütztes Leben führen kann, während Galut für ein Leben in Leiden, Verfolgung und Verzweiflung steht.

---

18 Vgl. Tessa Rajak, Art. Diaspora II. Jüdische Diaspora, 1. Antike, in: RGG[4] II, Tübingen 1999, 827–829.

19 Vgl. Joseph Dan, Art. Diaspora II. Jüdische Diaspora, 2. Mittelalter und Neuzeit, in: RGG[4] II, Tübingen 1999, 829.

## 4.2 Theologie der Disaspora

Abgesehen von den wenigen genannten neutestamentlichen Stellen scheint der Begriff Diaspora im Christentum über lange Zeit in Vergessenheit geraten zu sein. Zur Umschreibung einer Minderheitensituation wird er nicht weiter gebraucht. Erst bei Luther findet man den Gedanken, die Kirche sei „verborgen und sehr zerstreut"[20]. Nikolaus Ludwig von Zinzendorf hat den Diasporabegriff verwendet, um die Lage der Mitglieder der Brüder-Unität zu beschreiben, die auf dem Gebiet einer Landeskirche lebten.

Mitte des 19. Jahrhunderts wurde der Begriff prominent im Kontext der Gustav-Adolf-Stiftung, der Vorläuferin des Gustav-Adolf-Werkes, verwendet.[21] Das Pendant zur evangelischen Diasporaarbeit war der katholische Bonifatiusverein, aus dem das Bonifatiuswerk hervorgegangen ist. Schon bald wurde der Diasporabegriff nicht mehr nur zur Charakterisierung einer konfessionellen, sondern auch einer kulturellen und herkunftsbezogenen Minderheitensituation gebraucht. Der theologische, der kulturelle und der nationale bzw. völkische Aspekt des Begriffs wurden auf theologisch wie politisch problematische Weise verschmolzen. In der NS-Zeit entwickelte sich die evangelische Diasporatheologie zur NS-affinen Volkstumstheologie und konnte sich von diesen Verstrickungen nach 1945 nur in einem mühsamen Selbstreinigungsprozess lösen.[22]

---

20 So Luther zu Ps 90 in seinen Psalmenvorlesungen: „Abscondita est ecclesia et valde dispera" (Ennaratio Psalmi XC 1534/35 [WA 40/3,505,5]). Vgl. auch Hermann Riess, „Abscondita est ecclesia et valde dispera". Begegnungen mit einem Stichwort, in: EvDia 53 (1983), 81–97.

21 Vgl. Walter Fleischmann-Bisten, Art. Diaspora III. Christliche Diaspora, in: RGG[4] II, Tübingen 1999, 830–831.

22 Vgl. Hermann-Josef Röhrig, Diaspora – Kirche in der Minderheit. Eine Untersuchung zum Wandel des Diasporaproblems in der evangelischen Theologie unter besonderer Berücksichtigung der Zeitschrift „Die evangelische Diaspora", Leipzig 1991.

## 4 Öffentliche Theologie als Theologie der Diaspora

Geschichtlich belastet, ist der Diasporabegriff in Theologie und Kirche seit Jahrzehnten zunehmend problematisiert und im theologischen Sprachgebrauch an den Rand gedrängt worden. Viele Minderheitenkirchen verwenden ihn nicht (mehr), um ihre Situation als religiöse Minderheit zu beschreiben. Auf evangelischer Seite haben allerdings Wilhelm Dantine (1911–1981) und Ernst Lange (1927–1974), sowie auf katholischer Seite Karl Rahner (1904–1984) in den 1950er, 1960er und 1970er Jahren wegweisende Entwürfe einer Theologie der Diaspora vorgelegt, die zu den biblischen Grundlagen zurückführen und gegenüber völkisch-nationalistischen Anklängen kritisch sind. Was die genannten Autoren verbindet, ist ein Verständnis von Diasporaexistenz als Wesensmerkmal der Kirche, und zwar auch in solchen gesellschaftlichen Kontexten, in denen die Christen oder eine Kirche die religiöse Bevölkerungsmehrheit bilden.

Bei Wilhelm Dantine, der die Existenz der evangelischen Minderheit in Österreich als „protestantisches Abenteuer in einer nichtprotestantischen Welt"[23] bezeichnet hat, meint Diaspora die in die Völkergemeinschaft eingestreute Kirche. In Anspielung auf Joh 12,24 hat Dantine seine Theologie der Diaspora kreuzestheologisch zugespitzt: „‚Diaspora' aber heißt eingestreut sein als Weizenkorn Gottes im zerpflügten Acker der Welt. Das Weizenkorn bringt viel Frucht, wenn es stirbt. Zukunftswillige Kirche wird ‚sterbende Kirche'. [...] Sterbende Kirche ist hier wesentlich verstanden als jene Kirche, die sich um ihres Zeugnisses willen jeweils in den Tod begibt, weil sie nicht um ihrer selbst willen leben will. Kirche in der Nachfolge ihres Herrn ist nicht nur Kirche in der Welt, sondern Kirche ‚für die Welt'."[24]

---

23 Wilhelm Dantine, Protestantisches Abenteuer in einer nichtprotestantischen Welt, in: Ders., Protestantisches Abenteuer. Beiträge zur Standortbestimmung der evangelischen Kirche in der Diaspora Europas, hg. v. Michael Bünker, Innsbruck 2001, 37–47.

## 4.2 Theologie der Disaspora

Auch Karl Rahner bestimmt die Existenz der Kirche in der modernen, säkularen Welt als Diasporaexistenz: „Die christliche Situation der Gegenwart ist [...] charakterisierbar als Diaspora"[25]. „Die Diasporasituation ist für uns heute ein [...] heilsgeschichtliches Muß, d. h. wir haben diese Diasporasituation nicht nur als leider Gottes bestehend festzustellen, sondern wir können sie als von Gott als Muß [...] gewollt anerkennen und daraus unbefangen Konsequenzen ziehen."[26] „Wir haben also durchaus das Recht, ja fast die Pflicht, damit zu rechnen und nicht nur verstört zur Kenntnis zu nehmen, dass die Form des öffentlichen Daseins der Kirche sich wandelt. Daß die Kirche *überall* Diasporakirche wird, Kirche unter vielen Nichtchristen"[27]. Ernst Lange wiederum hat die Existenz und das Leben der Kirche im Wechselspiel zwischen Sammlung und Zerstreuung auf die Formel „Ekklesia und Diaspora" gebracht.[28]

Die drei genannten Autoren wenden sich gegen das Missverständnis, Diaspora bedeute den Rückzug der Christen oder der Kirche aus der Welt in das binnenkirchliche Milieu. Gemeinsam ist ihnen die Auffassung, dass sich die Kirche, die ihrem Wesen nach stets Diasporakirche ist, von Christus in die Welt gesandt weiß. Sie hat teil an der Sendung Gottes, der *missio Dei*, so dass

---

24 Zitiert nach Ulrich Trinks, „Offene Kirche". Zum Erinnern an Wilhelm Dantine, in: Wilhelm Dantine, Protestantisches Abenteuer. Beiträge zur Standortbestimmung der evangelischen Kirche in der Diaspora Europas, hg. v. Michael Bünker, Innsbruck 2001, 9–22, hier 21.

25 Karl Rahner, Theologische Deutung der Position des Christen in der modernen Welt (1954), in: Ders. Sendung und Gnade. Beiträge zur Pastoraltheologie, Innsbruck 51988, 13–47, hier 24.

26 A. a. O., 26.

27 A. a. O., 32. Siehe auch Karl Rahner, Über die Gegenwart Christi in der Diasporagemeinde nach der Lehre des Zweiten Vatikanischen Konzils, in: Ders., Schriften, Bd. VIII, Einsiedeln 1967, 409–425.

28 Siehe dazu unten Abschnitt 3.

## 4 Öffentliche Theologie als Theologie der Diaspora

Diasporaexistenz und missionarische Ausrichtung christlicher Existenz zwei Seiten derselben Medaille sind. Dantine, Lange und Rahner sind außerdem davon überzeugt, dass Diasporaexistenz der Kirche nicht konfessionalistisch, sondern ökumenisch verstanden werden muss. Mit Hermann-Josef Röhrig kann man geradezu von einer „ökumenischen Diaspora"[29] sprechen.

Interessanterweise hat sich in jüngerer Zeit ein kulturwissenschaftlicher Begriff von Diaspora entwickelt, der vom theologischen und kirchlichen Sprachgebrauch ganz abgelöst ist.[30] Man spricht zum Beispiel von einer pakistanischen Diaspora in Großbritannien, einer ghanaischen Diaspora in Österreich oder einer afrikanischen Diaspora in den USA. Der kulturwissenschaftliche Diasporabegriff kann die religiöse Dimension mit einbeziehen, wobei es sich keineswegs nur um christliche Denominationen handeln muss, jedoch ist die religiöse Komponente im kulturwissenschaftlichen Sprachgebrauch nicht entscheidend. Es ist jedoch eine lohnende Aufgabe, den Diskurs über eine erneuerte Theologie der Diaspora zum kulturwissenschaftlichen Diskurs in Beziehung zu setzen.

Dieser Aufgabe hat sich eine Arbeitsgruppe der Gemeinschaft Evangelischer Kirchen in Europa (GEKE) gestellt, die 2012 mit der Ausarbeitung einer Studie „zur Standortbestimmung der evangelischen Kirchen im pluralen Europa" beauftragt wurde. Das inzwischen vorliegende Studiendokument mit dem Titel „Theologie der Diaspora"[31] sieht „den Sinn der Diaspora in der Gestaltung von Beziehungsfülle im Sinne der Nachfolge Christi. [...]

---

29 Hermann-Josef Röhrig, Art. Diaspora II u. III, LThK³ III, Freiburg 1995, 201–203. Siehe auch ders., Diaspora in römisch-katholischer Sicht, in: EvDia 62 (1993), 81–100.

30 Vgl. Ruth Mayer, Diaspora. Eine kritische Begriffsbestimmung, Bielefeld 2005; Kim Knott/Sean Mcloughlin, Diasporas. Concepts, Intersections, Identities, London/New York 2010.

31 Mario Fischer/Miriam Rose (Hg.), Theologie der Diaspora. Studiendoku-

Während der Begriff der Minderheitenkirche oder der Minderheitensituation diesen Beziehungsreichtum begrifflich auf eine numerische Relation reduziert und tendenziell defizitär qualifiziert ist, besteht die Stärke eines relational akzentuierten Diasporabegriffs darin, die Polyphonie der Lebensbezüge von Gemeinden in der Diaspora sichtbar zu machen und als wesentliche Gestaltungsaufgabe zu verstehen."[32]

Wie in einer ersten Thesenreihe aus dem Studienprozess festgestellt wurde, sind im Diskurs über eine Theologie der Diaspora drei Diaspora-Begriffe zu unterscheiden: 1. „Ein deskriptiv-soziologischer Begriff, welcher sich auf die zahlenmäßig erfassbare Situation von Kirchen hinsichtlich ihrer Mitgliederzahlen in einer Gesellschaft bezieht. In dieser Hinsicht wird der Begriff synonym mit Minderheitensituation verwendet." 2. „Ein deskriptiver Begriff, der die Selbstdeutung einer Kirche beschreibt. ‚Diaspora' meint dann ein bestimmtes Selbstverständnis einer Kirche angesichts ihrer Minderheitensituation." 3. „Ein theologischer Interpretationsbegriff, der die Minderheitensituation von Kirche(n) aus einer biblisch-christlichen Tradition heraus deutet. Im theologischen Begriff von Diaspora sind immer ein bestimmtes theologisches Geschichtsbild und eine bestimmte Ekklesiologie impliziert."[33]

Das Abschlussdokument verbindet den Diasporabegriff mit dem der Fremdheit. Das Thema der Fremdheit ist nun allerdings im Neuen Testament zentral. Die biblischen Grundlagen einer Theologie der Diaspora reichen daher über die wenigen Stellen, an denen die Wortgruppe *diasporá/diapeíresthai* auftaucht,

---

ment der GEKE zur Standortbestimmung der evangelischen Kirchen im pluralen Europa, Wien 2019.

32 A. a. O., 8.

33 Die englische Fassung dieser Thesen ist veröffentlicht in: GEKE focus 20 (2013), 10–12, hier 11 (online: http://issuu.com/ecumenix/docs/geke_focus-20_web?e=1141279/5894576 [letzter Zugriff am 13.3.2024]).

## 4 Öffentliche Theologie als Theologie der Diaspora

weit hinaus. Das Studiendokument der GEKE bringt die Aufgabenstellung einer Theologie der Diaspora auf die Formel „Kirche in der Fremde – Fremdheit der Kirche"[34]. Die diasporische Existenz der Kirche als Leib Christi ist christologisch bestimmt und begründet. Die Kirche Jesu Christi existiert in der Welt, aber sie ist nicht von dieser Welt (vgl. Joh 17,16). Das wandernde Gottesvolk, als welches sie der Hebräerbrief charakterisiert, hat in der Welt keine bleibende Stadt, sondern sucht die zukünftige. Sie geht hinaus zu Christus, der „draußen vor dem Tor" (Hebr 13,12) – außerhalb Jerusalems – am Kreuz gestorben ist. Die ihm nachfolgenden Christen sollen sich, wie Paulus schreibt, nicht dieser Welt anpassen (vgl. Röm 12,2), sondern in ihr unter dem eschatologischen Vorbehalt leben: zu haben, als habe man nicht (vgl. 1Kor 7,29–31), denn die Gestalt dieser Welt vergeht, und das Bürgerrecht[35] der an Christus Glaubenden ist im Himmel (vgl. Phil 3,20).

Rudolf Bultmann hat für die paulinische und johanneische Sichtweise christlicher Existenz den Begriff der Entweltlichung geprägt.[36] Papst Benedikt XVI. hat diesen in seiner Freiburger Rede 2011[37] aufgegriffen und damit innerhalb wie außerhalb der römisch-katholischen Kirche eine lebhafte Debatte ausgelöst. Tatsächlich könnte er im Sinne einer binnenkirchlichen Verengung und einer Entpolitisierung des Evangeliums verstanden werden. So gewiss das Evangelium von der in Jesus Christus an-

---

34 Fischer/Rose (Hg.), Theologie der Diaspora (s. Anm. 31), 78 ff.
35 Luther und die Zürcher Bibel übersetzen das griechische políteuma mit „Heimat".
36 Vgl. Rudolf Bultmann, Das Evangelium des Johannes (KEK II), Göttingen ²⁰1978, 435.
37 Vgl. Papst Benedikt XVI., Die Entweltlichung der Kirche, FAZ vom 25.9.2011, online: http://www.faz.net/aktuell/politik/papstbesuch/papst-benedikt-xvi-die-entweltlichung-der-kirche-11370087.html (letzter Zugriff: 13.3. 2024).

gebrochenen Gottesherrschaft eine politische Dimension hat, ist es freilich doch nicht auf eine politische Botschaft zu reduzieren, weil das Gottesverhältnis des Menschen nicht in seiner politischen Existenz aufgeht. Bultmanns Begriff der Entweltlichung trifft darum etwas Richtiges, wenn man ihn theologisch von Joh 17,16 und Röm 12,2 aus versteht. Eine Theologie der Diaspora hat den eschatologischen Horizont, der dem Glauben wesentlich ist, neu zu Bewusstsein zu bringen. Sie hat aber zugleich in Erinnerung zu rufen, dass die Hoffnung auf die Vollendung der Erlösung, die über das irdische Leben hinausreicht, nicht von der Aufgabe entbindet, im Hier und Jetzt der Stadt Bestes zu suchen (vgl. Jer 29,7). „Eine Theologie der Diaspora hat dabei", wie das Studiendokument der GEKE ausführt, „auch Begriff und Phänomen der Fremdheit zu bedenken – der Fremdheit des Glaubens ebenso wie der Fremdheit des menschgewordenen Gottes. Die Spannung von Heimat und Fremde prägt im buchstäblichen wie im übertragenen Sinne Diasporaerfahrungen und ihre theologische Deutung in Geschichte und Gegenwart."[38]

Im Unterschied zu einer Diasporatheologie, welche auf die Bewahrung des Eigenen in der Fremde durch den Rückzug aus der Welt setzt, plädiert die GEKE-Studie für eine Diasporatheologie, die sich als eine Gestalt Öffentlicher Theologie begreift und die Kirche wie die einzelnen Christen dazu ermutigt, „sich kritisch-konstruktiv auf die Gesellschaft einzulassen und Kirche für die Menschen in ihren gegenwärtigen Nöten und Erfahrungen zu sein"[39].

Im Folgenden möchte ich nun skizzieren, was ich unter einer Theologie der Diaspora verstehe, die sich als eine Gestalt Öffentlicher Theologie begreift.

---

38 Fischer/Rose (Hg.), Theologie der Diaspora (s. Anm. 31), 21.
39 A. a. O. (Anm. 31), 22.

## 4.3 ÖFFENTLICHE THEOLOGIE UND THEOLOGIE DER DIASPORA

Auf die Gemengelage von Religion im öffentlichen Raum reagieren unterschiedliche Konzeptionen einer Öffentlichen Theologie.[40] In der internationalen Debatte überschneiden sich verschiedene Diskurse wie derjenige über den Begriff der Zivilreligion oder derjenige über Begriff und Konzeptionen einer politischen Theologie. Aber auch der Diskurs über kontextuelle Theologien und die verschiedenen Spielarten einer Theologie der Befreiung findet in der Debatte zur Öffentlichen Theologie seine Fortsetzung. Allerdings gibt es unterschiedliche Antworten, ob Öffentliche Theologie lediglich ein neues Label für die altbekannte politische Theologie ist – die man vor 50 Jahren „neue" politische Theologie nannte –, oder ob sich mit dem neuen Begriff auch eine neue Programmatik verbindet.

Hinzu kommt der Diskurs über öffentliche Religion. Diskutierte man unter diesem Begriff seit Beginn der 1990er Jahre zunächst die Rolle von Religionen als Quellen und Prägekräften zivilgesellschaftlichen Engagements, richtet sich das Augenmerk inzwischen auch auf Religionsgemeinschaften als Institutionen und politische Akteure. Zu ihnen zählen auch Diakonie und Caritas.

Der Begriff Öffentliche Religion hat inzwischen freilich auch noch eine andere Bedeutung. Namentlich im Zusammenhang mit den Fällen von sexuellem Missbrauch im kirchlichen Raum – vornehmlich, aber eben leider keineswegs nur im Bereich der römisch-katholischen Kirche – ist deutlich geworden, dass

---

40 Vgl. Ulrich H. J. Körtner/Reiner Anselm/Christian Albrecht (Hg.), Konzepte und Räume Öffentlicher Theologie. Wissenschaft – Kirche – Diakonie (ÖTh 39), Leipzig 2020; Ulrich H. J. Körtner, Diakonie und Öffentliche Theologie. Diakoniewissenschaftliche Studien, Göttingen 2017.

## 4.3 ÖFFENTLICHE THEOLOGIE UND THEOLOGIE DER DIASPORA

die Öffentlichkeit keine Abschottung der Kirchen vor missliebiger Kritik oder gar vor weltlicher Strafverfolgung duldet. Auch beim Umgang der Kirchen mit ihrem Geld wird die Forderung nach Transparenz laut. Kirchliche Öffentlichkeitsarbeit und der professionelle Umgang mit den Massenmedien sind eine Facette öffentlicher Religion. Ein anderes Beispiel für die angesprochene Seite öffentlicher Religion ist die Forderung nach deutschen Predigten in hiesigen Moscheen, um die hier stattfindende religiöse Kommunikation öffentlich transparent zu machen. Wiederum bemühen sich die Moscheegemeinden selbst um den Abbau von bestehendem Misstrauen, wenn regelmäßig Tage der offenen Moschee abgehalten werden. Auch der Diskurs über Öffentliche Theologie berührt all diese angeschnittenen Fragen.

Klärungsbedürftig ist zunächst der jeweilige Öffentlichkeitsbegriff, der von unterschiedlichen Konzeptionen einer öffentlichen Theologie vorausgesetzt wird. Besonders einflussreich ist der Vorschlag von David Tracy, den er bereits zu Beginn der 1980er Jahre unterbreitet hat. Tracy unterscheidet drei Öffentlichkeiten der Theologie, nämlich die akademische Öffentlichkeit, die kirchliche Öffentlichkeit und die gesellschaftliche Öffentlichkeit. Zu allen drei Öffentlichkeiten habe sich die Theologie kritisch und nicht etwa nur affirmativ ins Verhältnis zu setzen, weil ihre Loyalität zu ihnen „nur so lange erhalten bleiben sollte, wie die Loyalität zu Gott die erste und durchdringende Loyalität bleibt"[41]. Meines Erachtens ist Tracys Unterscheidung der drei Öffentlichkeiten auch für eine öffentliche Theologie im europäischen Kontext recht brauchbar. Die Unterscheidung lässt sich im Blick auf die einzelnen Öffentlichkeiten und ihre wechselseitige Durchdringung bzw. Überlagerung durchaus noch ver-

---

41 David Tracy, Eine Verteidigung des öffentlichen Charakters der Theologie, in: Florian Höhne/Frederike van Oorschot (Hg.), Grundtexte Öffentliche Theologie, Leipzig 2015, 37–49, hier 45.

feinern, weil innerhalb von Wissenschaft, Kirche und Gesellschaft weitere Ausdifferenzierungsprozesse stattfinden. Man denke nur an die Ausdifferenzierung von Kirche und moderner Diakonie. Auch die Schule ist ein eigener Öffentlichkeitsraum. Es lohnt sich von daher, den Ort und die Aufgabe der Religionspädagogik im Raum der Schule auch unter dem Blickwinkel einer öffentlichen Theologie zu diskutieren. Außerdem sind die Folgen der Digitalisierung für die herkömmlichen wie für neu entstehende Öffentlichkeiten zu analysieren und zu reflektieren, und zwar medientheoretisch, sozialwissenschaftlich, ethisch und theologisch.

Im Grunde ist Öffentliche Theologie ein urevangelisches Anliegen, nämlich eine zeitgemäße Fortentwicklung dessen, was im Augsburger Bekenntnis von 1530 als „publice docere" (Artikel 14) – öffentliche Verkündigung und Kommunikation des Evangeliums – bezeichnet worden ist. Letztlich war Martin Luther mit seinen zahllosen Gelegenheitsschriften zu den aktuellen Fragen der Reformation, die durchwegs hohe Auflagen erzielten, ein öffentlicher Theologe *avant la lettre*. Gleiches gilt für die Verfasser der vielen Flugschriften, die erheblich zur Ausbreitung der Reformation beigetragen haben. Die Öffentlichkeit war der Ort theologischer Auseinandersetzungen und Urteilsbildung, auch in Gestalt von Disputationen, die von den Räten der Städte organisiert wurden, und man bediente sich mit dem Buchdruck des modernsten Kommunikationsmediums der damaligen Zeit. So gesehen, war die Reformation die Geburtsstunde Öffentlicher Theologie.

Öffentliche Theologie sollte freilich nicht mit bloßer Lobbyarbeit der Kirchen oder der universitären Theologie im öffentlichen Raum verwechselt und zum Synonym für eine bestimmte kirchenamtliche Theologie mit quasi lehramtlichem Anspruch verkürzt werden, zumal es „die" eine Öffentliche Theologie nicht gibt. Alternativ zu Konzeptionen einer Öffentlichen Theologie, die sich eher der Traditionslinie Karl Barths und Dietrich Bonhoeffers verpflichtet weiß, vertreten Reiner Anselm und Christian Albrecht das Programm eines Öffentlichen Protestantismus, das dem Erbe der liberalen Theologie und insbesondere der Theologie Trutz Rendtorffs verbunden ist.[42] Thomas Schlag wiederum vertritt unter dem Titel „Öffentliche Kirche" eine Kirchentheorie, welche Fragestellungen Öffentlicher Theologie integriert und sich als Fortschreibung des Modells der Volkskirche versteht, die Kirche von heute aber als zivilgesellschaftliche, intermediäre Institution „im Sinne einer die Gesellschaft *kritisch interpretierenden und mitgestaltenden Kirche*"[43] begreift. Öffentliche Kirche im Sinne Schlags ist ein „Raum freier, verantworteter und hoffnungsvoller kirchlicher wie zivilgesellschaftlicher Deutungs- und Vermittlungspraxis"[44], in der Bildung, Diakonie und partizipatorische Gemeindeentwicklung eine Schlüsselrolle spielen.

Die Unterschiede zwischen den genannten Konzeptionen bestehen freilich nicht in erster Linie in positionellen Differenzen, sondern im Gegenstandsbereich. Während im Fall von Öffentlicher Theologie in ihren verschiedenen Ausprägungen das Verständnis von Theologie als Ganzer zum Thema wird, so dass man von einer Öffentlichen Fundamentaltheologie, Öffentlicher Dogmatik usw. sprechen kann, handelt es sich beim Konzept des Öffentlichen Protestantismus um eine Protestanismustheorie. Richtet sich Öffentliche Theologie am Wissenschaftssystem als Ganzem aus, so der Öffentliche Protestantismus im umfassen-

---

42 Vgl. Christian Albrecht/Reiner Anselm, Öffentlicher Protestantismus. Zur aktuellen Debatte um gesellschaftliche Präsenz und politische Aufgaben des Christentums (ThSt NF 4), Zürich 2017.

43 Thomas Schlag, Öffentliche Kirche. Grunddimensionen einer praktisch-theologischen Kirchentheorie (ThSt NF 5), Zürich 2012, 14.

44 A. a. O., 13.

## 4 Öffentliche Theologie als Theologie der Diaspora

den Sinne an den Fragen der Gesellschaft. Die Theorie des Öffentlichen Protestantismus versteht sich als Ekklesiologie in Gestalt einer Gesellschaftstheorie. Das Konzept der Öffentlichen Kirche kann wiederum als Teil einer umfassenderen Protestantismustheorie begriffen werden. Ob und inwieweit Konzepte Öffentlicher Theologie auf einer Protestantismustheorie wie derjenigen des Öffentlichen Protestantismus aufbauen können, hängt allerdings doch wieder von den Übereinstimmungen und bestehenden Differenzen auf dem Gebiet des Theologisch-Positionellen ab.

Mit Florian Höhne lassen sich drei Grundfragen öffentlicher Theologie formulieren: die sozialethische Frage nach der öffentlichen Geltung partikularer religiöser Orientierungen, die fundamentaltheologische Frage nach der öffentlichen Kommunizierbarkeit derartiger Geltungsansprüche und ihrer Begründungen sowie schließlich die ekklesiologische Frage nach der Rolle der Kirche in den genannten Kommunikationsprozessen.[45]

Alle drei Grundfragen sind nun m. E. in Richtung auf eine Theologie der Diaspora hin zu vertiefen. Die Partikularität christlicher Überzeugungen und Orientierungen hängt mit dem theologischen Thema der Diaspora aufs engste zusammen. Konkrete Erfahrungen der Diasporaexistenz z. B. protestantischer Kirchen sind exemplarisch für die Diasporaexistenz der Kirche in dieser Welt überhaupt. In der modernen pluralistischen Gesellschaft wird die Diasporaexistenz des Glaubens zur gemeinsamen ökumenischen Erfahrung. Migration und die Existenz von Migrationskirchen und -gemeinden und ihre Auswirkungen auf die Kirchengemeinschaft sind in diesem Kontext ebenso zu bedenken wie der interreligiöse Dialog und die Pluralität der Religionen.

---

45 Vgl. Florian Höhne, Öffentliche Theologie. Begriffsgeschichte und Grundlagen (Öffentliche Theologie 31), Leipzig 2015.

## 4.3 Öffentliche Theologie und Theologie der Diaspora

Der australische Theologe James Haire reflektiert z. B. die Diasporasituation des Christentums im asiatischen Kontext. Eine sich als öffentliche Theologie positionierende Theologie der Diaspora hat demnach den interkulturellen Charakter christlicher Theologie und seine Implikationen für die Frage zu bedenken, welchen Beitrag eine öffentliche Theologie zu den Debatten einer Zivilgesellschaft leisten kann, in welcher der christliche Glaube der Glaube einer Minderheit ist.[46] Im asiatischen Kontext ist „die Interaktion zwischen der christlichen Minderheitsgemeinschaft und der größeren Gemeinschaft"[47] ein zentrales Thema. Dabei sieht Haire die Anliegen öffentlicher Theologie „schon im multikulturellen Kontext der Anfänge des Christentums"[48] gegeben. Die australische, zuletzt in Neuseeland lebende und lehrende Theologin Elaine M. Wainwright berichtet von der Arbeit des PaCT (Public and Contexual Theology Strategic Research Center) an der Charles Sturt University (Australien), dessen Tagungen regelmäßig Menschen aus verschiedenen pazifischen Nationen zusammenbringen. Diese Veranstaltungen und ihre Publikationen seien „Öffentliche Theologie, insofern sich Menschen mit ihrem Leben und den unvorstellbaren Herausforderungen und Möglichkeiten des Lebens in der Diaspora befassen"[49].

Wie das bereits vorgestellte Studiendokument der GEKE möchte auch ich die Impulse aufgreifen und weiterführen, die sich bei Ernst Lange sowie im Werk des österreichischen lutherischen Theologen Wilhelm Dantine finden. Wie schon erwähnt, hat Lange die Existenz und das Leben der Kirche im Wechselspiel

---

[46] Vgl. James Haire, Öffentliche Theologie – eine rein westliche Angelegenheit?, in: Höhne/Oorschot (Hg.), Grundtexte (s. Anm. 41), 153–171, hier 154.

[47] A. a. O., 159.

[48] A. a. O., 158.

[49] Elaine M. Wainwright, „Texts@Context" ... um einen Ausdruck zu leihen, in: Höhne/Oorschot (Hg.), Grundtexte (s. Anm. 41), 145–152, hier 146.

## 4 Öffentliche Theologie als Theologie der Diaspora

zwischen Sammlung und Zerstreuung beschrieben. Bei Sammlung (Ekklesia) und Zerstreuung (Diaspora) handelt es sich nach Lange um einander abwechselnde und aufeinander bezogene Phasen, wobei er sein Phasenmodell auf das Gemeindeleben bezieht:

> „In der Versammlung geht es von vornherein und ausschließlich um die Kommunikation des Glaubens, freilich in dem breiten Sinn, in dem wir das Wort zu verstehen suchten: letztlich ist die ganze Wirklichkeit Gegenstand der Verhandlung.
>
> In der Zerstreuung kann der Glaubende nur darauf hoffen, daß er, wo er präsent und verfügbar ist, Kommunikation finden und in der Kommunikation den Durchbruch der Verheißung erfahren wird. [...]
>
> In der Versammlung geht es darum, die Verheißung im Licht der Wirklichkeit wahrzunehmen. Da helfen viele Augen und viele Ohren mit.
>
> In der Zerstreuung geht es darum, die Wirklichkeit im Licht der Verheißung wahrzunehmen. Da ist der Glaubende auf seine eigenen Augen und Ohren angewiesen."[50]

„Das Problem und zugleich die Chance heutigen Gemeindelebens ist, daß die Diasporaphase gegenüber der Gemeinde in Versammlung unerhört an Gewicht und auch an Ausdehnung gewonnen hat. Die Ekklesia ist abgedrängt in einen ganz schmalen Bereich der Freizeit. Verlassen die Christen die Versammlung, dann wechseln sie buchstäblich die Welt, und zwar muß jeder den Übergang in *seine* Welt finden."[51] Nach Lange liegt die „Last der Bürgschaft in der Diasporaphase" weniger auf den Pfarrerinnen und Pfarrern oder anderen hauptamtlichen Mitarbeitern als vielmehr „fast ganz auf den nichtbeamteten Christen, den sogenannten ‚Laien'"[52].

---

50 Ernst Lange, Chancen des Alltags. Überlegungen zur Funktion des christlichen Gottesdienstes in der Gegenwart (Handbücher der Christen in der Welt 8), Stuttgart/Berlin 1965, 142 f.
51 A. a. O., 149.
52 Ebd.

## 4.3 Öffentliche Theologie und Theologie der Diaspora

Langes Phasenmodell ist darin wegweisend, dass es den Diasporabegriff nicht auf die demographische Minderheitensituation beschränkt, sondern auf die Existenz von Kirche und Gemeinde in der modernen säkularen Gesellschaft anwendet. Die Gegenüberstellung von versammelter Gemeinde und Vereinzelung der Christen in der Diasporaphase bietet freilich eine verengte Sicht der Präsenz der Kirche in der modernen Gesellschaft, weil kirchliche Formen der Vergemeinschaftung außerhalb des Gottesdienstes und ihre Schnittstellen zu außerkirchlichen Vergemeinschaftungsformen unberücksichtigt bleiben. Sie reichen vom Kirchenchor über diverse Gemeindegruppen und -aktivitäten, Gemeindefeste und kulturelle Aktivitäten bis zum Kindergarten. Hier wären auch die Zusammenhänge zwischen Gemeindearbeit und Gemeinwesenarbeit zu bedenken.

Wie die Diasporatheologie Langes ist auch diejenige Wilhelm Dantines ökumenisch ausgerichtet. In seinem bereits erwähnten Aufsatz „Protestantisches Abenteuer in einer nichtprotestantischen Welt"[53], der 1959 erschien, plädierte Dantine für den Aufbruch und theologischen Neubeginn seiner Kirche nach 1945. Gelegentlich konnte er die Diasporagemeinde auch als „christliche Partisanengruppe" bezeichnen.[54] Das hat ihn bisweilen in Konflikt mit seiner eigenen Kirche, jedenfalls mit der Amtskirche, gebracht.

Dantine war daran gelegen, die biblische Botschaft der Freiheit in einer Gesellschaft zu Gehör zu bringen, die noch immer tief durch das Erbe der Gegenreformation und der Restauration nach dem Wiener Kongress geprägt war. Die von Gott geschenkte Freiheit grenzt Dantine gleichermaßen gegen Tendenzen zur Privatisierung des Glaubens wie gegen moderne Tendenzen der Entindividualisierung und Vermassung ab. Als Institution der

---

53 S. o. Anm. 23.
54 Zitiert nach Trinks, Offene Kirche (Anm. 24), 12.

## 4 Öffentliche Theologie als Theologie der Diaspora

Freiheit könne der „Minderheitsprotestantismus aus einem Kuriosum zu einer ‚Stadt auf dem Berge'" werden, freilich nur dann, wenn sich die evangelische Kirche nicht als Selbstzweck begreife. Das protestantische Abenteuer, von dem Dantine spricht, und auf das sich einzulassen er seine Kirche ermutigt, besteht darin, „unter Verzicht auf jegliche Proselytenmacherei das Beste des Landes zu suchen, in dem man lebt. [...] Es geht um das Abenteuer des Glaubens und der Liebe, die nie das Ihre sucht, sondern sich der Müden, Ratlosen und Gehetzten annimmt."[55]

Gegenüber einem Verständnis von Öffentlicher Theologie, das diese im Wesentlichen als eine Gestalt der Sozialethik oder der Soziallehre der Kirche begreift, möchte ich für eine Verwendung des Begriffs plädieren, der auch das Gebiet dogmatischer Fragen einbezieht. Öffentliche Theologie hat immer auch eine apologetische Aufgabe und eine missionarische Funktion. Öffentliche Theologie ist missionarische Theologie. Dieses Thema darf nicht allein den Freikirchen, evangelikalen und charismatischen Kreisen überlassen werden.

Wenn sich Theologie und Kirche auf den Diskurs mit der modernen Welt und der pluralistischen Gesellschaft einlassen, hat das Rückwirkungen auf die Bestimmung der Glaubensinhalte, mit anderen Worten auf die Dogmatik. Und darum möchte ich Öffentliche Theologie so verstehen, dass sie nicht etwa nur der Transmissionsriemen für theologisch-ethische Grundüberzeugungen ist, die bereits feststehen, sondern ein gesellschaftlicher Lernort, an dem nun gerade theologische Grundfragen in „einer ergebnisoffenen Diskursivität" im öffentlichen Raum neu durchdacht werden. So sind ja auch staatliche Universitäten eine Form der Öffentlichkeit und keine abgeschiedenen Institutionen. Damit kommen wir aber zu der Frage, was nicht etwa nur die säkulare Gesellschaft von der Kirche oder den Kirchen lernen kann,

---

55 Dantine, Protestantisches Abenteuer (s. Anm. 23), 46.

## 4.3 Öffentliche Theologie und Theologie der Diaspora

sondern auch, was Kirche und Theologie von der säkularen Gesellschaft, der modernen Wissenschaft, dem modernen Recht, den Künsten usw. lernen können, so gewiss die Wirklichkeit Christi im Sinne Bonhoeffers über die Grenzen der Kirche hinausreicht.

Zu den Aufgaben Öffentlicher Theologie, die mit der öffentlichen Rede von Gott auf biblischer Grundlage unmittelbar zusammengehören, rechne ich schließlich die Religionskritik. Grundsätzlich ist kein Bereich der Wirklichkeit von der Wirklichkeit Gottes getrennt. Es gibt so gesehen keine theologisch neutralen Zonen. Wenn Luther im Großen Katechismus erklärt, unser Gott sei das, woran wir unser Herz hängen, dann hat Theologie die kritische Aufgabe im öffentlichen Raum und in den verschiedenen Öffentlichkeiten zu fragen, woran Menschen de facto ihr Herz hängen und welche Folgen dies nicht nur auf der individuellen, sondern auch auf der gesellschaftlichen Ebene hat. Freilich ist auch die eigene Rede Öffentlicher Theologie von Gott im Sinne des ersten Dekaloggebots der beständigen Kritik und Selbstkritik zu unterziehen, steht doch alle Rede von Gott – auch und gerade in Theologie und Kirche – in der Gefahr, für politische oder sonstige Zwecke instrumentalisiert und missbraucht zu werden.

Öffentliche Theologie als Theologie der Diaspora könnte ein neues ökumenisches Projekt für Europa und eine ökumenische Zeitansage werden. Nicht als Ausdruck des Rückzugs aus der säkularen Welt, sondern im Gegenteil als Ermutigung, sich in diese Welt einzumischen und das Evangelium von der Liebe Gottes, seiner Agape oder Caritas, in Wort und Tat zu bezeugen. Versteht man Diaspora, wie es das Studiendokument der GEKE tut, als Beziehungsgeschehen, können die verschiedenen Konfessionskirchen den Anspruch erheben, im biblischen Sinne wahre Kirche zu sein, wenn „die konfessionelle Diaspora in sich, und gerade dadurch, daß sie Diaspora ist, den Ökumenismus [...] als Grundstruktur eingestiftet hat"[56]. Konfessionelle Identität und ökumenische Weite schließen einander nicht aus. Recht verstanden kann der Diaspora-Begriff zu einer Erneuerung von konfessioneller Identität in ökumenischer Offenheit einen Beitrag leisten, weil er verdeutlicht, dass die eigene Identität ohne das Gegenüber zu den anderen und ohne das Miteinander mit ihnen nicht lebendig ist, sondern im Traditionalismus erstarrt. Lebendige Identität ist nicht statisch, sondern dynamisch und wandelbar, dabei aber stets auf Christus als den einen und entscheidenden Orientierungspunkt hin ausgerichtet.

---

56 Wilhelm Dantine, Strukturen der Diaspora. Situation auf dem Hintergrund des österreichischen Protestantismus, in: EvDia 38 (1967), 37–56, hier 55.

# 5 Kirche und Medien – Das Evangelium der Freiheit

## 5.1 Medientheologie

Wenn über Orte Öffentlicher Theologie nachgedacht wird, darf der Blick auf die kirchliche Medienlandschaft und Medienarbeit nicht fehlen. In diesem Kapitel richten wir das Augenmerk auf die evangelische Publizistik und ihre Rolle in der veränderten Medienlandschaft von heute. Das geschieht allerdings nicht aus dem Blickwinkel der Medien- oder Kommunikationswissenschaft, der Praktischen Theologie oder der Medienpädagogik. Der hier gewählte Zugang zum Thema „Kirchen und Medien" ist vielmehr ein systematisch-theologischer.

In der Systematischen Theologie geht es um das theologisch Grundsätzliche. Und so wird es kaum überraschen, wenn am Beginn der weiteren Ausführungen einige grundsätzliche Gedanken zum Begriff des Mediums und der mit ihm bezeichneten Phänomene stehen. Inwiefern, so lautet die Ausgangsfrage, spielen Medien in religiöser Kommunikation generell eine tragende Rolle? Welche Medien sind in welcher Religion gewissermaßen die Leitmedien, welche werden als notwendig erachtet, welche streng abgewiesen, weil sie für unvereinbar mit zentralen Glaubensinhalten gehalten werden? Inwiefern sind Medien als solche und ihr Gebrauch ein religiöses Thema? Inwiefern haben sie im Symbolhaushalt einer Religion und ihrer Praxis eine dezidiert religiöse Qualität, die theologisch begründet und reflektiert wird? Worin besteht möglicherweise das Medienproblem einer Religion, und wie wird es theoretisch und praktisch bearbeitet?

## 5 KIRCHE UND MEDIEN – DAS EVANGELIUM DER FREIHEIT

All diese Fragen gilt es in unserem Fall für das Christentum und näherhin für das Christentum in seiner evangelischen Ausprägung zu diskutieren.

Kurz gesagt geht es um das Desiderat einer umfassenden Theologie der Medien. Eine solche gibt es bereits in der klassischen Dogmatik, wo sie unter dem Titel „De mediis salutis" firmiert. Deren angestammtes Thema sind allerdings die Heilsmittel, will sagen die Sakramente, wobei die evangelischen Kirchen derer nur zwei kennen – nämlich Taufe und Abendmahl –, die römisch-katholische, die altkatholische und die orthodoxen Kirchen hingegen sieben an der Zahl. Zu den Medien der Heilsvermittlung zählen aber in der evangelischen Tradition auch die Heilige Schrift sowie die Predigt. Im umfassenden Sinn sind Gegenstand einer Medientheologie jedoch sämtliche sinnliche Medien der Kommunikation des Evangeliums, in, mit und unter welcher Gott selbst mit den Menschen kommuniziert und Anteil am Heil gibt.

Die Kommunikation des Evangeliums, der Botschaft des Glaubens, bedient sich äußerer Zeichen und Medien, die Teil der von Gott geschaffenen Welt sind. Heilsmittel aber sind die sinnlichen Medien nicht in ihrer Dinglichkeit an sich, sondern einzig und allein, sofern im Kontext der Kommunikation, in der sie als Medien und das heißt als Träger und Vermittler von Sinn und Bedeutung dienen. Nur in Kommunikationsprozessen fungieren sie als Zeichen, die etwas als etwas für jemanden bezeichnen. Als Medium sind auch nicht nur die sinnlichen Träger von Sinn und Bedeutung zu verstehen, sondern auch die Kommunikationsprozesse, in die sie eingebettet sind, also z. B. Zeichenhandlungen, rituelle Handlungen, die Sakramente oder Segen genannt werden. Zu den zentralen Fragestellungen einer Medientheologie gehören schließlich das Verhältnis von Wort und Bild sowie von Wort und Musik, das schon in der biblischen Überlieferung zum Thema gemacht wird, aber auch im Verlauf der Kirchengeschichte zum Anlass theologischer Konflikte geworden ist.

Bevor wir uns also dem Verhältnis der Kirche zu den modernen Massenmedien und zum Internet zuwenden, wollen wir uns etwas grundsätzlicher mit den Medien, der Medialität und den Medienproblemen des Christentums beschäftigen. Dann wird sich hoffentlich der Zusammenhang erschließen, der zwischen kirchlicher Medienarbeit und dem Evangelium als Botschaft der Freiheit besteht.

Vordergründig könnte man meinen, dass die in Rede stehende Sache ganz einfach ist: Das Evangelium ist eine Freiheitsbotschaft – was immer genau im vorliegenden Fall unter Freiheit zu verstehen sein mag –, die Kirche hat den Auftrag, diese Botschaft der Freiheit zu verbreiten, und nun geht es um die Frage, welche Medien zur Erfüllung dieser Aufgabe besonders geeignet sind, oder ob sich diese Aufgabe in allen zur Verfügung stehenden Medien gleich gut oder schlecht erfüllen lässt. Eine weiterführende Frage lautet, welche Implikationen und Konsequenzen das Evangelium der Freiheit für die Grundrechte der Gewissens- und Religionsfreiheit, der Meinungsfreiheit und der Pressefreiheit hat und wie es die Kirchen selbst mit diesen Grundrechten halten.

Die Dinge liegen aber komplizierter, weil eine Botschaft für ihre Verbreitung nicht nur auf Kommunikationsmedien angewiesen, sondern selbst bereits ein Medium ist. Kommunikation des Evangeliums, wie man heutzutage in kirchlichen und theologischen Kreisen unter Verwendung einer Formel des evangelische Theologen Ernst Lange (1927–1974) gern sagt, ist stets ein Vorgang zweiter oder dritter Ordnung. Das, was das Evangelium – wörtlich die gute Nachricht – vermittelt, gibt es nirgends in Reinkultur, sondern von Beginn des Christentums an immer nur als bereits ausgelegte Botschaft, die selbst schon ein Medium ist, das seinerseits der medialen Vermittlung bedarf, um raum- und zeitübergreifend geteilt – also kommuniziert – zu werden.

## 5 Kirche und Medien – Das Evangelium der Freiheit

Wer das biblische Evangelium als Botschaft der Freiheit apostrophiert, suggeriert damit, dass Freiheit der Inhalt oder der Gegenstand des Evangeliums ist. Abgesehen davon, dass es zu klären gilt, von welcher Freiheit überhaupt die Rede ist, besteht das Medienproblem des Evangeliums darin, dass es keine Information über Freiheit im Sinne einer Tatsachenbehauptung verbreitet, über deren Richtigkeit oder Falschheit man argumentativ streiten kann, sondern dass in gewisser Weise das Evangelium als Medium zugleich die Botschaft ist: *The medium is the message*, wie sich mit Marshall McLuhan sagen lässt.[1] Die Kommunikation dieser Botschaft ist nach christlicher Überzeugung auch deren Realisierung. Sie informiert nicht über Freiheit, sondern spricht Freiheit zu, und im Akt ihrer Rezeption – das neutestamentliche Wort dafür ist Glaube (*pistis*) – wird diese Freiheit realisiert. Wo Kommunikation des Evangeliums im christlichen Sinne gelingt, sind Form und Inhalt kongenial. Wenn das stimmt, kann der Inhalt allerdings nicht in beliebigen Formen auftreten, sondern nur in solchen, die dem Inhalt – der zugesagten und im Glauben realisierten Freiheit – entspricht. Insofern kann man mit einem Begriff des Philosophen Ernst Tugendhat, den der evangelische Theologe Wolfgang Huber produktiv weitergedacht hat, die vom Evangelium zugesprochene und in der Kommunikation des Evangeliums realisierte Freiheit als kommunikative Freiheit bezeichnen.[2]

---

[1] Vgl. Marshall Mcluhan, Das Medium ist die Botschaft/The Medium is the Message, hg. u. übers. von Martin Baltes, Fritz Boehler, Rainer Höltschl u. Jürgen Reuß, Dresden 2001.

[2] Vgl. Wolfgang Huber, Folgen christlicher Freiheit. Ethik und Theorie der Kirche im Horizont der Barmer Theologischen Erklärung, Neukirchen-Vluyn ²1985. Siehe auch Heinrich Bedford-Strohm/Paul Nolte/Rüdiger Sachau (Hg.), Kommunikative Freiheit. Interdisziplinäre Diskurse mit Wolfgang Huber (ÖTh 29), Leipzig 2014.

## 5.2 Evangelische Freiheit und moderne Freiheitsdiskurse

Die bleibende Bedeutung der Reformation besteht darin, die Freiheit als Inbegriff des Evangeliums von Jesus Christus neu entdeckt und zur Geltung gebracht zu haben, zugleich aber auch die Gleichheit im Sinne des Priestertums aller Gläubigen. Und tatsächlich hat die Reformation nicht nur religiöse, sondern auch politische und gesellschaftliche Umbrüche hervorgerufen, die bis heute nachwirken. Johann Gottlieb Fichte hat das Christentum als „Evangelium der Freiheit und Gleichheit" charakterisiert.[3] Vom Evangelium der Freiheit hat auch – wenngleich ohne Bezugnahme auf Fichte – der evangelische Neutestamentler Ernst Käsemann in seinem Buch „Der Ruf der Freiheit" gesprochen und das Neue Testament „gleichsam als Dokument des ersten Aufbruchs in die evangelische Freiheit" gelesen.[4]

Tatsächlich war die Reformation in vielfältiger Hinsicht eine Befreiungsbewegung, in der es um die Freiheit von klerikaler Bevormundung ebenso ging wie um politische und soziale Freiheiten. Die Aufklärung wertete die Reformation trotz aller Kritik als eine Entwicklungsstufe auf dem Weg zur Freiheit des Geistes und aus der selbstverschuldeten Unmündigkeit des Menschen. Der linke Flügel der Hegelschule deutete die Reformation als Vorstufe der bürgerlichen und dann der kommunistischen Revolution, deren Ziel ein utopisches Reich der Freiheit war. Auch die Befreiungstheologie des 20. und 21. Jahrhunderts begreift die

---

3 Johann Gottlieb Fichte, Zur Rechts- und Sittenlehre II (Fichtes Werke IV, hg. v. Immanuel Hermann Fichte), Nachdruck Berlin 1971, 532. Es handelt sich um ein Zitat aus Fichtes Vorlesungen über „Die Staatsrechtslehre, oder über das Verhältniss des Urstaates zum Vernunftreiche" (1813).

4 Ernst Käsemann, Der Ruf der Freiheit, Tübingen ⁵1972, 11. Siehe darin Kapitel 2 „Das Evangelium der Freiheit" (55–78).

## 5 Kirche und Medien – Das Evangelium der Freiheit

Reformation und ihre Theologie als eine Form der politischen Theologie.

Die Pointe von Luthers Freiheitsverständnis liegt freilich darin, dass der Mensch nicht etwa zu sich selbst, sondern von sich selbst befreit werden muss. Nicht in kirchlichen oder politischen Freiheitsforderungen, sondern in der Rechtfertigungslehre liegt das Zentrum der Freiheitslehre Luthers. Wahre Freiheit besteht in der Befreiung des Menschen von seiner Sünde durch Gott, und das heißt im Sinne Luthers und der übrigen Reformatoren: in der Befreiung vom Unglauben. Glaube bedeutet nach Luther, Gott über alle Dinge fürchten, lieben und vertrauen.[5] Der Unglaube ist das Gegenteil. Die Befreiung vom Unglauben bedeutet also die Befreiung zu einem unbedingten Vertrauen auf Gott als tragendem Grund unseres Daseins. Und die so gewonnene Freiheit meint die Freiheit von der Selbstsorge um das eigene Dasein.

Von Hause aus ist der Mensch stets um sich selbst besorgt. Er kreist um sich und neigt dazu, auch die übrigen Menschen seinen eigenen Zwecken und Wünschen dienstbar zu machen. Das Gleiche geschieht in der Religion, wenn der Mensch versucht, auch Gott seinen eigenen Vorstellungen und Bedürfnissen zu unterwerfen. Auf uns selbst zurückgeworfen und fixiert, sind wir im Grunde einsame Wesen, die einander die Liebe schuldig bleiben und Gott als den Grund unseres Daseins verleugnen. Aus dieser Einsamkeit und Selbstfixiertheit werden wir nach Luther durch Jesus Christus befreit. Wo das einsame und um sich selbst besorgte Ich ist, soll Christus werden, der uns für Gott und den Mitmenschen öffnet. Durch Christus, so Luther, werden die Menschen zu einem Glauben befreit, der Gott bedingungslos im Leben und im Sterben vertraut, weil er sich von Gott bedin-

---

5 Vgl. Luthers Auslegung des 1. Gebotes im Kleinen Katechismus (BSLK 507, 43 f.).

gungslos angenommen weiß. Gott, so Luther, liebt uns Menschen ohne Vorleistungen und senkt die Liebe zu ihm und unseren Mitmenschen in unser Herz.

Man missversteht Luther jedoch, wenn man seine Botschaft von der Rechtfertigung des Sünders auf die Formel verkürzt, Gott nehme jeden Menschen so an wie er ist, und gebe uns die Kraft, mit uns Freundschaft zu schließen, frei nach dem Motto: „Ich bin ok, du bist ok." Vielmehr wird Luther nicht müde zu erklären, dass uns Gott bedingungslos annimmt, obwohl wir so sind, wie wir sind, damit wir um Christi willen, gerade nicht dieselben bleiben, sondern neu werden.

Das Evangelium, im Sinne der Reformation als Medium der Freiheit verstanden, kann uns den Blick schärfen für die Ambivalenzen und Gefährdungen der Freiheit in der heutigen Gesellschaft. Einerseits herrscht heute ein Maß an individueller Freiheit und Vielfalt der Lebensweisen, wie dies noch vor 50, 60 Jahren kaum denkbar erschien. Die bürgerliche Freiheit oder auch die Freiheit des Konsumenten erzeugt freilich nur zu oft einen Schein von Freiheit. Die Freiheit ist nicht nur durch äußere Zwänge, sondern auch durch innere Unfreiheit bedroht. Und der Zuwachs an Freiheit und Eigenverantwortung wird von vielen Menschen als Last, wenn nicht gar als Überforderung empfunden.

Um eine aus dem Geist des Evangeliums hervorgehende Ethik zu charakterisieren, gebrauchen die evangelischen Kirchen gern die Formel „Freiheit und Verantwortung". Interessanterweise war dies auch vor einigen Jahren das Motto der liberalen Partei NEOS im österreichischen Nationalratswahlkampf 2017. Die Wahl fand übrigens zwei Wochen vor dem Reformationstag statt. Nun hat der Liberalismus weithin keine gute Presse. Mancher denkt bei „Freiheit und Verantwortung" an das Schreckgespenst des Neoliberalismus. In der Politik stehen gegenwärtig Gerechtigkeit und Sicherheit ganz oben auf der Agenda. Doch die einseitige Forderung nach mehr Sicherheit und Gerechtigkeit kann das kostbare Gut der Freiheit gefährden. Und eine liberale Gesinnung, die christlich motiviert sein kann, sollte nicht einfach als Neoliberalismus verunglimpft werden.

Zu den Impulsen der Reformation gehört ein Verständnis von Freiheit und Verantwortung, das sich vom Neoliberalismus durchaus abhebt, weil die Reformatoren von einer Freiheit gesprochen haben, die sich nur in der Gemeinschaft mit Gott und den Menschen verwirklichen lässt. Die reformatorische Botschaft der Freiheit ist freilich auch von nationalistischen und rechtsextremen Freiheitsparolen scharf zu unterscheiden. Der Gott, der in Jesus Christus Mensch geworden ist, ist kein Nationalgott und seine Gemeinschaft keine auf Ausgrenzung bedachte Volksgemeinschaft. Die nationalistische Vereinnahmung der Freiheitspredigt Luthers in der deutschen Geschichte wie auch in deutschnationalen Kreisen Österreichs gehört vielmehr zu den historischen Verirrungen des Protestantismus.

## 5.3 Gottes Wort in Person

Wenn es um die Kommunikation des Evangeliums und ihre medialen Vollzüge geht, müssen wir theologisch noch ein wenig tiefer schürfen. Das neutestamentliche Evangelium der Freiheit bezeugt und vergegenwärtigt Jesus von Nazareth, seine Person, sein Leben und Wirken, seinen Tod und seine Auferstehung als Grund der zugesagten Freiheit. Als Botschaft der Freiheit weist das Evangelium über sich hinaus auf den, der Grund und Quelle jener Freiheit ist, die in der Kommunikation des Evangeliums realisiert werden soll. Wohlgemerkt sind nicht die überlieferten Worte Jesu der Inhalt des Evangeliums, so gewiss sie allerdings Inhalt jener im Neuen Testament kanonisierten Schriften sind, die den Gattungsnamen Evangelium tragen. Recht verstanden ist es aber die Person Jesu als solche, und zwar diese Person in

## 5.3 GOTTES WORT IN PERSON

ihrer Wirksamkeit. Das bringt die Redeweise zum Ausdruck, wonach Jesus als Person das Wort des lebendigen Gottes ist. Im Unterschied etwa zu den alttestamentlichen Propheten war Jesus nicht etwa nur der Übermittler einer göttlichen Botschaft, sondern er selbst war diese Botschaft in Person. Eben das besagt die hymnische Formulierung im Prolog des Johannesevangeliums, wonach das Wort, der göttliche Logos, Mensch geworden ist: Das Wort ward Fleisch und wohnte unter uns (Joh 1,14).

Wir können also sagen: Jesus von Nazareth als der Christus Gottes ist Gottes Medium schlechthin, das letztgültige Medium der Selbstoffenbarung Gottes. Notabene sprechen wir nicht vom ungeschaffenen Logos in einem platonisierenden Sinne, sondern davon, dass der Logos menschliche Gestalt angenommen hat. Er ist, wie die traditionelle Dogmatik sagt, wahrer Gott und wahrer Mensch zugleich. Göttliches und Menschliches sind in ihm weder vermischt, noch lässt sich beides auseinanderreißen, wie die sogenannte Zwei-Naturen-Lehre des Konzils zu Chalcedon (451 n. Chr.) sagt. In ihm ist Gott ganz und gar in leiblicher – und das heißt eben auch in sinnlicher – Weise präsent, wobei diese sinnlich-leibliche Präsenz als Anrede, als Botschaft zu verstehen ist: „Gott war in Christus", wie Paulus schreibt, „und versöhnte die Welt mit sich selber und rechnete ihnen ihre Sünden nicht zu und hat unter uns aufgerichtet das Wort von der Versöhnung" (2Kor 5,19). Von Jesus als dem Christus gilt also in ganz ausgezeichneter Weise der Satz Marshall McLuhans: „The medium is the message."[6]

An dieser Stelle sind zwei Hinweise angebracht. Der erste betrifft den Begriff des Mediums. Außerhalb der Theologie und abseits der modernen Medienwissenschaften werden Personen als Medium bezeichnet, die Kontakt zu magischen Kräften und Mächten, zum Jenseits oder zu Verstorbenen aufnehmen kön-

---

6 S. o. Anm. 1.

## 5 Kirche und Medien – Das Evangelium der Freiheit

nen. Bei Séancen treten Menschen, denen eine übersinnliche Fähigkeit nachgesagt wird, auf, durch die angeblich ein herbeigerufener Toter spricht. Auch in der Bibel stoßen wir auf diese Vorstellungswelt: König Saul geht zu einer Totenbeschwörerin, als er sich im Krieg gegen die Philister in ausweglöser Lage befindet, um den Geist des Propheten Samuel zu befragen (1Sam 28,3–25). Er tut damit allerdings etwas, was Gott verboten hat und was vom König selbst unter Todesstrafe gestellt worden ist. Die Totenbeschwörung ist ein Akt letzter Verzweiflung, weil sich Gott in Schweigen hüllt und dem König weder durch Propheten noch durch Träume und Traumdeuter antwortet (vgl. 1Sam 28,15). Sauls Schicksal aber ist, wie ihm Samuel offenbart, besiegelt.

Auch Jesu Wirken könnte im Sinne eines magischen Medienverständnisses gedeutet werden. In den neutestamentlichen Wundererzählungen trägt er die Züge eines *theios aner*, also eines Menschen, der nach hellenistisch-paganer Vorstellung mit gotthaften Kräften ausgestattet ist und übermenschliche Taten vollbringt. Gelegentlich taucht in den Evangelien auch die Frage auf, ob Jesus mit dem dämonischen „Herrn der Fliegen", dem Beelzebub, im Bunde steht, der im Neuen Testament auch mit dem Satan gleichgesetzt wird (vgl. Mk 3,22–27 par.). Allerdings ist die Theios-Aner-Literatur jünger als die neutestamentlichen Evangelien,[7] und letztlich stellen diese Jesus in einer Weise dar, die ihn als Sohn Gottes von magischen Wunderheilern unterscheidet.

Das führt uns zur zweiten angekündigten Bemerkung. Das Verständnis Jesu als Medium Gottes, mehr noch als Wort Gottes in Person, steht in einer Traditionslinie mit der alttestamentlichen Prophetie. Schon die Propheten des alttestamentlichen

---

7 Vgl. Edward Schillebeeckx, Jesus. Die Geschichte von einem Lebenden. Herder, Freiburg 1980; anders Ludwig Bieler, Theios Aner. Das Bild des „göttlichen" Menschen in Spätantike und Frühchristentum, Darmstadt 1967.

## 5.3 Gottes Wort in Person

Israel sind nicht nur Boten, die ein Gotteswort übermitteln. Sie verbinden ihre Verkündigung auch mit Zeichenhandlungen, deren Teil sie unter Einsatz ihrer ganzen Person werden. Der Prophet Hosea geht die Ehe mit einer Prostituierten ein, welche das abtrünnige Israel darstellen soll. Ihre gemeinsamen Kinder bekommen Namen, die als Worte gegen Israel zu verstehen sind (vgl. Hos 1). Der Prophet Jeremia legt sich ein Joch auf den Nacken und versinnbildlicht mit dieser Aktion die Botschaft an die Könige von Juda und seiner Nachbarstaaten, dass sie dem Joch Nebukadnezars unterworfen werden (Jer 27 f.). Am extremsten sind die Zeichenhandlungen Ezechiels, dem Stricke angelegt werden und der zeitweilig nicht mehr sprechen kann (Ez 3,25–27; vgl. Ez 5,8), der mit vollem Körpereinsatz Gottes Gericht über Jerusalem bildlich darstellt (Ez 4,1–5,4), der unreine Speisen isst und Gerstenfladen, gebacken auf Kuhmist anstelle von eigentlich vorgesehenem Menschenkot, der sich öffentlich mit einem scharfen Schwert die Haupt- und Barthaare abschneidet und verstreut. Man fühlt sich an die öffentlichen Kunstaktionen eines Günter Brus, eines Otto Muehl, eines Oswald Wiener, eines Hermann Nitsch oder eines Rudolf Kogler erinnert, die als Wiener Aktionisten in die Kunstgeschichte eingegangen sind, oder an die Aktionskunst der mit ihnen verwandten Wiener Gruppe, zu der unter anderem Valie Export gehörte. Der Körper des Propheten wird in seinen Zeichenhandlungen zum Medium seiner Botschaft, besser gesagt: zum Medium der Botschaft Gottes, was in noch stärkerem Maße für den leidenden Gottesknecht bei Deuterojesaja gilt, mit dem wiederum Jesus im Neuen Testament identifiziert wird (vgl. unter anderem Act 8,32 f.).

Gottes Wort in Person: Der Körper Jesu wird zum Medium bis zum Tod am Kreuz, und das Instrument seiner grausamen Hinrichtung, das doch eigentlich stumm ist und den Gekreuzigten zum Verstummen bringt, wird auf paradoxe Weise sprechend, wenn Paulus in einem mehrsinnigen Genetiv vom *logos*

## 5 Kirche und Medien – Das Evangelium der Freiheit

*tou staurou*, dem Wort vom Kreuz spricht (vgl. 1Kor 1,18).[8] Das aber geschieht erst im Licht der Auferweckung Jesu von den Toten. Erst von hier aus wird auch letztgültig verständlich, inwiefern Jesus als der Christus das Medium Gottes schlechthin ist, weil Gott selbst in ihm war.

Die Medialität Christi hat nun freilich ihre besondere Bewandtnis darin, dass dieses Medium in seiner Körperlichkeit nicht mehr unmittelbar präsent ist. Der Gekreuzigte und Auferstandene ist als Abwesender anwesend. Das grundlegende Medienproblem des Monotheismus, nämlich die Gefahr, dass ein Medium an die Stelle Gottes tritt und an seiner Stelle idolatrisch verehrt wird, findet im Christentum eine eigentümliche Lösung. Das ausgezeichnete Medium der Präsenz Gottes ist eben nicht mehr über die Zeiten hinweg präsent wie eine steinerne Skulptur, ein heiliger Gegenstand oder ein heiliger Ort. Wenn es im apostolischen Glaubensbekenntnis heißt, der Auferstandene sitze zur Rechten Gottes des Vaters, so ist damit bei gleichzeitig geglaubter Präsenz des Auferstandenen in seiner Gemeinde auch sein Entzug und seine Unverfügbarkeit ausgesagt. Er bedarf nun seinerseits der medialen Vermittlung, die in den unterschiedlichen Weisen dessen geschieht, was man als Kommunikation des Evangeliums bezeichnen kann.

Paulus beschreibt die Präsenz Christi als eine geistliche Wirklichkeit. Joh 4,24 bestimmt das Wesen Gottes als Geist: „Gott ist Geist (pneuma), und die ihn anbeten, die müssen ihn im Geist und in der Wahrheit anbeten." Bei Paulus ist der Geist eine christologische Bestimmung. *Kyrios (Iesous) Christos* (Röm 5,1 u. ö.): Christus ist der *kyrios* – mit „Herr" übersetzt die Septuaginta die anstelle des Gottesnamens im Alten Testament gebrauchte Anrede *adonaj*. Von Christus, dem Herrn, aber sagt Paulus: „Der

---

8 Vgl. dazu Ulrich H. J. Körtner, Arbeit am Kanon. Studien zur Bibelhermeneutik, Leipzig 2015, 175–213.

## 5.3 Gottes Wort in Person

Herr ist der Geist, wo aber der Geist des Herrn ist, da ist Freiheit" (2Kor 3,17). Man beachte die sachliche Nähe zur Gottesbestimmung in Joh 4. Damit wären wir auch gleich noch einmal beim Untertitel des mir gestellten Themas: Botschaft der Freiheit ist das Evangelium, weil in der Kommunikation desselben eben jene Freiheit zugesprochen und realisiert wird, die Christus als der Geist stiftet. In welchem Verhältnis Gott, Christus und der Geist stehen, ist eine in den ersten Jahrhunderten des Christentums höchst kontrovers diskutierte Frage, die im Ergebnis von der zur Reichskirche aufgestiegenen Kirche mit der Trinitätslehre von Nicäa (325) und Konstantinopel (381) beantwortet wurde. Darauf näher einzugehen, würde den Rahmen des mir gestellten Themas sprengen. Immerhin sei aber die These vertreten, dass sich die Trinitätslehre als Hermeneutik christlicher Gottesrede verstehen lässt.

Wenn Paulus Christus als Geist bezeichnet, haben wir es allerdings nicht mit einer Spiritualisierung oder Platonisierung des Christentums zu tun. Die von Paulus in 2Kor 3 getroffene Unterscheidung zwischen Geist und Buchstabe wurde zwar in späterer Zeit in einem platonisierenden Sinne missverstanden, als solle der Buchstabe oder gar alles Sinnliche zugunsten des reinen Geistes abgewertet werden, der keiner Vermittlung bedarf. Das ist aber nicht der Gedanke bei Paulus. Der Buchstabe steht in 2Kor 3 für die alttestamentliche Tora, der Geist für das Evangelium von Jesus Christus. Nun wäre das Verhältnis von Tora und Christus bei Paulus wieder ein eigenes Thema, das hier nicht weiter erörtert werden kann. Entscheidend ist für unseren Zusammenhang, dass Paulus keine religiöse Unmittelbarkeit zu Gott kennt, die ohne mediale Vermittlung oder sagen wir: ohne Kommunikationsmedien auskäme. Christus als Geist ist sinnlich präsent. Die geistliche Realität Christi lässt sich von seiner physischen Präsenz nicht trennen. Das ist der inkarnationstheologische Grundgedanke, der im christologischen Dogma von

## 5 Kirche und Medien – Das Evangelium der Freiheit

Chalcedon (451) steht, wonach nicht nur beim menschgewordenen, sondern auch beim auferstandenen Christus göttliche und menschliche Natur nicht vermischt, aber eben auch nicht auseinandergerissen werden dürfen. Dementsprechend ist auch die Kommunikation des Evangeliums auf sinnliche, leibliche Vollzüge angewiesen. Das gilt auch noch unter den Bedingungen digitaler Kommunikationsmedien, wie wir in Abschnitt 5.5 sehen werden.

### 5.4 Körpersprache

Eine Theologie der Medien, deren Desiderat eingangs formuliert wurde, schließt eine Theologie des Körpers oder anders gesagt eine Theologie der Leiblichkeit ein. Gemeint ist nun nicht eine allgemeine theologische Theorie materieller Medien, sondern eine Theologie des menschlichen Körpers.[9] Genauer gesagt geht es um eine Hermeneutik des Körpers oder des Leibes.[10] Hermeneutik ist die Lehre vom Verstehen und seinen Bedingungen, die auch die Gründe für mögliches Missverstehen und Grenzen des Verstehens reflektiert. Eine Hermeneutik des Körpers fokussiert sich nicht auf den Körper als Gegenstand des Verstehens. Sie ist vielmehr ein universales Konzept, das auf der These beruht, dass alles Verstehen ein körperlicher Vorgang ist. Wir verstehen mit und durch unseren je eigenen Körper. Unser Körper ist aber nicht gegen andere Körper oder gegen andere materielle Medien und Träger von Bedeutung austauschbar. Die menschliche Vernunft ist inkarnierte, d. h. sich in individuellen Körpern manifestie-

---

9   Vgl. dazu Gregor Etzelmüller, Gottes verkörpertes Ebenbild. Eine theologische Anthropologie, Tübingen 2021. Grundbegriff dieses Entwurfs ist „Verkörperung".

10  Richard Kearney/Brian Treanor (eds.), Carnal Hermeneutics, New York 2015.

rende Vernunft, mag sie auch als eine transzendentale Realität verstanden werden.

Eine Hermeneutik des Körpers ist nun aber in zwei Richtungen auszuarbeiten. Einerseits ist ihr Gegenstand das Verstehen des Körpers, andererseits das Verstehen mit Hilfe des Körpers. Ich möchte mich im Folgenden auf wenige Andeutungen beschränken. Meine Überlegungen nehmen ihren Ausgang bei der Feststellung, dass der je eigene Leib nicht einfach die naturwüchsige Basis unseres Daseins ist. Er fungiert vielmehr stets als Träger von Bedeutung, d. h. als Zeichen, wobei Zeichen niemals an sich existieren, sondern nur innerhalb eines Zeichensystems. Zeichentheoretisch betrachtet werden Zeichen in Prozessen der Semiose gebildet. Ein Zeichen bezeichnet etwas für jemanden. Außerhalb solcher Prozesse der Semiose aber sind Zeichen keine Zeichen. Auch eine Phänomenologie und Hermeneutik der Leiblichkeit, welche dem Leib Bedeutsamkeit zuschreibt, ist eine Form der Semiose. Eben darum kann Leiblichkeit als solche auch keine hinreichende Basis für eine Theorie der Moral, zum Beispiel für eine medizin- oder bioethische Theorie liefern.[11]

Mit Hilfe des Körpers verstehen und den Körper selbst als Text oder Sprache verstehen, lässt sich am Beispiel der Gesten veranschaulichen. Es gibt nonverbale und paraverbale Kommunikation. Paraverbale Gestik und Mimik begleitet das Sprechen. Wie sehr unser Sprechen in leibliche Vollzüge eingebettet ist, die über den bloßen Gebrauch des Sprechapparates hinausgehen, lässt sich schön beobachten, wenn Menschen telefonieren. Sie lächeln oder verziehen ihre Miene, sie gestikulieren mit den Händen, obwohl ihr Gegenüber all das gar nicht sieht. Im ganzheitlichen körperlichen Geschehen formt sich die Wortsprache.

---

11 Vgl. Ulrich H. J. Körtner, Leib und Leben. Bioethische Erkundungen zur Leiblichkeit des Menschen (APThLH 61), Göttingen 2010.

## 5 Kirche und Medien – Das Evangelium der Freiheit

Werfen wir vor diesem Hintergrund nochmals den Blick auf Paulus. Von Christus dem Geist sagt Paulus, dass er in den Glaubenden Wohnung nimmt. Er kann sowohl vom Sein Christi in den Glaubenden (Röm 8,10; 2Kor 13,5) als auch vom Sein der Glaubenden in Christus sprechen (Röm 6,11; 16,7; 1Kor 1,30; 2Kor 5,17). Die Gemeinde kann Paulus geradezu als Leib Christi bezeichnen (1Kor 12,27).

Interessant ist nun, wie Paulus die Christen mit einem spezifischen Kommunikationsmedium vergleicht, von dem er selbst ausgiebig Gebrauch gemacht hat, nämlich mit dem Medium des Briefes. In 2Kor 3,3 – also im unmittelbaren Zusammenhang mit seiner Antithese von Geist und Buchstabe – tituliert Paulus gegenüber den Christen in Korinth seine Epistel als seinen Brief und zugleich als Brief Christi, „geschrieben nicht mit Tinte, sondern mit dem Geist des lebendigen Gottes, nicht auf steinerne Tafeln, sondern auf fleischerne Tafeln, nämlich eure Herzen". Die Briefmetapher ist freilich in doppelter Hinsicht aufschlussreich. Wie der physisch abwesende Paulus sich des Mediums eines Briefes bedient, um bei den Korinthern präsent zu sein, so bedient sich, bildlich gesprochen, auch Christus eines schriftlichen Mediums, um als Abwesender unter den Menschen anwesend zu sein. Hinzu kommt, dass Paulus sich selbst als Apostel, d.h. aber als Medium Christi versteht, dessen Briefe nicht nur ein zufällig gewähltes Kommunikationsmittel, sondern eine ganz spezifische Weise sind, in der sich der durch Paulus selbst sprechende Christus den Adressaten vermittelt.[12]

---

12 Vgl. François Vouga, Apostolische Briefe als ‚scriptura'. Die Rezeption des Paulus in den katholischen Briefen, in: Hans-Heinrich Schmid/Joachim Mehlhausen (Hg.), Sola scriptura. Das reformatorische Schriftprinzip in der säkularen Welt, Gütersloh 1991, 194–210; ders., Der Brief als Form der apostolischen Autorität, in: Klaus Berger/François Vouga/Michael Wolter/Dieter Zeller, Studien und Texte zur Formgeschichte (TANZ 7), Heidelberg 1992, 7–58.

Die Inkarnation des Logos setzt sich in der Verkündigung des Evangeliums in Predigt und Sakrament sowie in der Verschriftlichung ihres biblischen Zeugnisses fort. Alle Kommunikation des Evangeliums ist „leibliches Wort", wie der deutsche Text von Confessio Augustana V erklärt.[13] Die inkarnationstheologische Begründung der vielfältigen Kommunikation des Evangeliums ist insofern anthropologisch relevant, als schon Johann Georg Hamann gegen den Purismus eines abstrakten Vernunftbegriffs einwendet, man erkenne in ihm „einen gnostischen Haß gegen Materie" und eine „mystische Liebe zur Form" und zugleich eine „gewalttätige, unbefugte eigensinnige Scheidung desjenigen, was die Natur zusammengefügt hat"[14].

## 5.5 Leibliches Wort im digitalen Zeitalter

Bei Hamanns Einwand gegen die Gnosis müssen wir ansetzen, wenn wir uns den für Kirche und Theologie bestehenden Herausforderungen durch die Digitalisierung und die sogenannte Künstliche Intelligenz theologisch stellen wollen. Natürlich lassen sich digitale Medien auch für die Kommunikation des Evangeliums einsetzen. Die von Manfred Faßler[15] als quartäre Medien

---

13 BSLK 58,12 f. Der lateinische Text spricht vom „verbum externum" (BSLK 58,16).

14 Johann Georg Hamann, Metakritik über den Purismum der Vernunft (1784), in: Ders., Sämtliche Werke, hg. v. Josef Nadler, Bd. III, Wien 1951, 281–289. Im Hintergrund von Hamanns Kritik an Kant steht die christologische Lehre von den zwei Naturen und der *communicatio idiomatum*.

15 Vgl. Manfred Faßler, Was ist Kommunikation? Eine Einführung (UTB 1960), München 1997, 147. Faßler entwickelt die Einteilung von Harry Proß weiter, der zwischen primären, sekundären und tertiären Medien unterscheidet. Primäre Medien sind Mittel des menschlichen Elementarkontaktes ohne Gerät. Sekundäre Medien benötigen Geräte für die Hervorbringung einer Information, nicht aber für deren Wahrnehmung. Tertitäre

bezeichneten digitalen Kommunikationsmittel kommen dem Grundgedanken, der hinter der Formel von der Kommunikation des Evangeliums steht, insofern besonders entgegen, als hier kein einseitiges asymmetrisches Verhältnis zwischen Sender und Empfänger bzw. Produzenten und Konsumenten besteht, sondern eine symmetrische Kommunikation aufgebaut werden kann. Die Mediennutzer sind zugleich Medienproduzenten, wobei die Kommunikation den Charakter eines Massenmediums haben kann, etwa wenn jemand einen Beitrag auf einer Website oder Social-Media-Plattformen veröffentlicht. Beispiel: Ein Kirchenpräsident oder eine Bischöfin postet regelmäßig auf X (vormals Twitter). Die digitale Kommunikation kann aber auch individuellen oder privaten Charakter haben, zum Beispiel, wenn jemand eine E-Mail schreibt oder in der Telefonseelsorge die Möglichkeit des Chattens genutzt wird. E-Mails und Chats können freilich auch an Dritte weitergeleitet werden, womit die Grenzen des Privaten durchbrochen werden – mit allen möglicherweise unangenehmen Folgen, welche Indiskretionen haben können. Das Gleiche gilt für SMS- und WhatsApp-Nachrichten.

Der Einfluss der Digitalisierung auf Religion und religiöse Kommunikation ist inzwischen Gegenstand verschiedener Forschungsprojekte und Forschungsverbünde. Ich erwähne nur den universitären Forschungsschwerpunkt „Digital Religion(s)" an der Universität Zürich.[16] Er „untersucht, wie die gegenwärtigen

---

Medien setzen sowohl auf der Seite des Produzenten als auch auf derjenigen des Konsumenten Geräte voraus (Beispiel: Rundfunk oder Fernsehen). Bei quartären Medien, die sowohl als Massenkommunikationsmittel als auch für individuelle Kommunikation genutzt werden können, sind zwar auch auf beiden Seiten Geräte nötig, aber die Rollen von Produzent und Konsument sind nicht festgelegt. In diesem Sinne könnte man allerdings auch schon die Telefonie als quartäres Medium einstufen.

16 Informationen unter https://www.digitalreligions.uzh.ch/de.html (letzter Zugriff: 14.3.2024).

Digitalisierungsdynamiken die Religionspraxis von Individuen und Institutionen beeinflussen, prägen und transformieren. Themen und Inhalte der Forschung sind u. a. religiöse Identitätsbildung und die Entwicklung von gemeinschaftlichen online-offline Netzwerken, mediale Kommunikationspraktiken des Trauerns und der Seelsorge sowie Phänomene religionsbezogener digitaler Bildung."[17] An diesem interdisziplinären Verbund sind Theologie, Religionswissenschaft, Linguistik und Computerlinguistik, Soziologie, Medien- und Kommunikationswissenschaft sowie Rechtswissenschaft beteiligt. Neben einer eher religionswissenschaftlich ausgerichteten Forschung zur digitalen Religion braucht es freilich auch eine dezidiert theologische Auseinandersetzung mit den Folgen der Digitalisierung für Religion und Glauben.

Weshalb, zum Beispiel, sollte man nicht auch auf ein Medium wie ChatGPT bei der Predigtvorbereitung zurückgreifen, solange der Prediger oder die Predigerin noch die Verantwortung für den Inhalt trägt, der auf der Kanzel vorgetragen wird? Entscheidend ist aber die Frage, ob Glauben und das Evangelium als Grund des Glaubens authentisch bezeugt oder nur simuliert werden. Es gehört zu den paradoxen Signaturen der Gegenwart, dass die Simulation von Subjektivität die Hochschätzung von Authentizität (Charles Taylor) und Singularitäten (Andreas Reckwitz) unterläuft. Glaube, so lautet eine gelungene Formulierung Eberhard Jüngels, die auch Gerhard Ebeling verwendet hat, ist Erfahrung mit der Erfahrung. Rechenprogramme machen keine Erfahrungen und schon gar nicht Erfahrungen mit Erfahrungen. Sie können sie bestenfalls simulieren.

Genügt am Ende die perfekte Simulation, um einen Gottesdienst feiern zu können, wie auf dem Kirchentag 2023 in Nürn-

---

17 Ebd.

berg geschehen? Lässt sich der Prediger, die Predigerin als Zeuge des Glaubens und des Evangeliums durch einen Avatar ersetzen, der nicht als Person aus Fleisch und Blut für das einsteht, was er sagt? Macht es einen Unterschied, ob man einen Rundfunk- oder Fernsehgottesdienst anschaut, der möglicherweise zeitversetzt gesendet wird, ob man einen digitalen Gottesdienst im Internet mitfeiert oder ob man in Präsenz einem Gottesdienst beiwohnt, der von einem Avatar geleitet wird?

Die reformatorische Tradition rechnet mit der Selbstmächtigkeit des göttlichen Wortes, die nicht an die Würdigkeit der Person dessen gebunden ist, der es bezeugt und verkündigt. Das Verstehen als Akt der Rezeption und somit der Glaube, der aus solchem Hören oder Lesen und Verstehen hervorgeht, kann durch unterschiedliche Medien geweckt werden. Es ist letztlich ein geistliches Geschehen, das auf das Wirken des Heiligen Geistes zurückgeführt wird. Der vernehmende Glaube selbst lässt sich nicht simulieren, wie auch niemand im Glauben, nämlich darin, Gott über alle Dinge zu fürchten, zu lieben und zu vertrauen, durch einen anderen ersetzt werden kann.

Zur Leiblichkeit des Wortes (CA 5) gehört, dass laut Confessio Augustana 14 nur predigen soll, wer dazu aus der Gemeinschaft der Glaubenden ordnungsgemäß berufen ist und für sein Zeugnis persönlich einstehen kann. Eine KI kann das niemals sein. Als Zeugen persönlichen Glaubens und des göttlichen Wortes, die Rede und Antwort stehen, können Personen durch keine KI und keinen Avatar ersetzt werden. Ich kann auch nicht mit einem Avatar gemeinsam beten. Mag dieser Eindruck auch in einem Gottesdienst wie in Nürnberg entstehen, es sind doch nur die anwesenden Personen, die gemeinsam beten. Wer zu zweit mit einem Avatar betet, betet in Wahrheit für sich allein. Selbst dann, wenn kommunizierende Personen nicht unmittelbar physisch präsent sind, bleibt Glaube ein interpersonales Geschehen, das die Existenz von leibhaftigen Personen zur Bedingung hat. Letztlich ist Glaube ein ganzheitlicher Lebensakt, der sich wie unser endliches, leibliches Leben nicht simulieren lässt.

Bezogen auf unsere Körperlichkeit ist unsere Zeit von einer eigentümlichen Paradoxie gekennzeichnet. Einerseits erleben wir in allen Lebensbereichen einen ungeahnten Körperkult, bei dem die eigene Identität ganz auf die Körperlichkeit, das äußere Erscheinungsbild wie das körperliche Wohlbefinden reduziert wird. Andererseits aber sind wir, wenn es um künstliche Intelligenz und virtuelle Welten geht, „Zeugen einer erstaunlichen Entmaterialisierung" (Thomas Fuchs). Weder sind wir körperlose Intelligenz noch auf unsere Körperlichkeit beschränkt. Das eine wie das andere ist eine Gestalt der Entfremdung.

Gerade in Zeiten der Corona-Pandemie hat die Entmaterialisierung und Virtualisierung unserer Lebenswelt einen neuen Schub erfahren. Online-Meetings gehören seitdem beruflich wie privat zur Tagesordnung. Gleichzeitig wurde uns während der Lockdowns schmerzhaft bewusst, was fehlt, wenn körperliche Präsenz und Nähe unterbunden werden, etwa aufgrund von Besuchsverboten in Pflegeeinrichtungen. Smalltalk und Geselligkeit, körperliche Berührungen und der Austausch von Zärtlichkeiten lassen sich durch virtuelle Simulation nicht ersetzen.

Unsere leibliche Existenz lässt sich freilich auch nicht auf unsere reine Körperlichkeit reduzieren. Wir sind nicht bloß Körper, sondern wir haben ihn auch. Indem wir über ihn sprechen, unterscheiden wir uns von ihm, ohne ihm zu entkommen. Durch ihn sind wir mit der gesamten Welt verbunden, was wir schon bei jedem Atemzug spüren. In der Unterscheidung und dialektischen Zuordnung von Leibsein und Leibhaben zeigt sich unser wahres Menschsein, das es im Zeitalter der fortschreitenden Digitalisierung zu verteidigen gilt.

Im kritischen Umgang mit digitalen Medien und künstlicher Intelligenz kommt es darauf an, einer neuen Platonisierung des Christentums gegenzusteuern. Eben darum gehört zum

## 5 Kirche und Medien – Das Evangelium der Freiheit

Glauben die Hoffnung auf die leibliche Auferstehung, mag auch wie bei Paulus an einen nicht näher beschriebenen geistlichen Auferstehungsleib gedacht sein. Der Digitalisierung zum Trotz bleibt die Einsicht Friedrich Christoph Oetingers (1702–1782) gültig, dass Leiblichkeit das Ende der Werke Gottes ist.[18]

### 5.6 Evangelium der Freiheit und kirchliche Medienarbeit

Welche Rolle, so möchte ich nun abschließend fragen, spielt das Evangelium der Freiheit für den Umgang der Kirchen mit modernen Massenmedien? Wir konzentrieren uns im Folgenden auf die evangelische Medienlandschaft. Die Kirchen treten einerseits als Mediennutzer, nämlich als Produzenten, aber auch als Konsumenten auf. Nicht nur, dass die einzelnen Christenmenschen Massenmedien konsumieren, auch die Kirchen nutzen sie als Informationsquellen. Sie setzen Medien zur Verbreitung ihrer Inhalte und Anliegen ein, sie nutzen sie aber auch zur Selbstbeobachtung, etwa durch tägliche Pressespiegel, die von ihren Medienabteilungen erstellt werden. Kirchen und diakonische Werke haben ihre eigenen Pressesprecher und Nachrichtenagenturen, nämlich den Evangelischen Pressedienst mit seinen regionalen Landesdiensten.

Daneben besteht der nicht von den Landeskirchen, sondern von einem Verein getragene evangelische Nachrichtendienst IDEA, der neben seinem Pressedienst und seinen Printmedien

---

18 Vgl. Friedrich Christoph Oetinger, Biblisches und Emblematisches Wörterbuch (1776), hg. v. Dmitrij Tschižewskij (Emblematisches Cabinet IX), Hildesheim 1969. Zur Interpretation dieses vielfach zitierten Satzes siehe Matthias Krieg, „Leiblichkeit ist das Ende der Werke Gottes". Gedanken zum Sinn dieses Oetinger-Zitates, in: Ders./Hans Weder, Leiblichkeit (ThSt 128), 51–59.

## 5.6 Evangelium der Freiheit und kirchliche Medienarbeit

auch ein täglich auf Bibel TV im Fernsehen ausgestrahltes Nachrichtenmagazin produziert. Erwähnt sei auch das christliche Medienmagazin Pro. Auch sonst gibt es eine Fülle von christlichen Medienauftritten jenseits der Medien der Landeskirchen und der EKD. Die Kirchen sind aber nicht nur Mediennutzer, sondern auch Medieninhaber. Man denke an Kirchenzeitungen oder eine Beilage wie Chrismon, an Rundfunksender wie Radio Paradiso, an Medienportale wie evangelisch.de, an kircheneigene Verlage wie die EVA Leipzig oder an das Gemeinschaftswerk Evangelischer Publizistik, das wiederum Hauptgesellschafter bei der Evangelischen Verlagsanstalt ist. Die theologische Grundfrage aber lautet, welche Rolle das Evangelium als Botschaft der Freiheit und Christus als das Medium der von Gott gestifteten Freiheit sowohl als Inhalt wie auch als Kriterium für die Medienarbeit der Kirchen spielen und inwiefern die Kommunikation des Evangeliums eine spezifische Medienkultur begründet.

### 5.6.1 Das Evangelium als Inhalt

Beginnen wir mit der Inhaltsfrage. Kommunikation des Evangeliums findet in Formaten statt, die man im engeren oder weiteren Sinne als Verkündigungssendungen bezeichnen kann, also in Rundfunk- und Fernsehgottesdiensten, im Wort zum Sonntag auf ARD, in täglichen Morgenbetrachtungen im Rundfunk. Zu unterscheiden ist nochmals zwischen Sendungen, die die Kirchen in redaktioneller Eigenverantwortung produzieren, und solchen, die von einer Religionsabteilung eines öffentlich-rechtlichen Senders produziert werden. Im österreichischen Fernsehen gibt es zum Beispiel eine Sendereihe „Was ich glaube", in der Vertreter nicht nur der Kirchen, sondern auch von anderen Religionsgemeinschaften zu religiösen Themen interviewt werden. Selbstverständlich gibt es auch immer noch Kommunikation des Evangeliums in den herkömmlichen Printmedien, sei es die Produktion von Literatur mit religiösem Inhalt, sei es der Abdruck einer Andacht in der wöchentlich erscheinenden Kirchenzeitung oder sei es der lokale Gemeindebrief.

Die theologische Grundsatzfrage lautet, welche Rolle das Evangelium als Botschaft der Freiheit und Christus als das Medium der von Gott gestifteten Freiheit sowohl als Inhalt wie auch als Kriterium für die Medienarbeit der Kirchen spielen und inwiefern die Kommunikation des Evangeliums eine spezifische Medienkultur begründet. Anders gefragt: Inwiefern wird das Evangelium der Freiheit, nämlich das Evangelium von Jesus als dem Christus, tatsächlich als *Evangelium* und nicht als Gesetz der Freiheit kommuniziert und vernehmbar?

Theologisch gesprochen hängt das Evangelium ohne das Gesetz Gottes allerdings in der Luft. Der Zuspruch der freien Gnade Gottes ist nicht vom Anspruch Gottes zu trennen, wohl aber zu unterscheiden. Andernfalls besteht die Gefahr der Moralisierung des Evangeliums, also zur Reduktion des Glaubens auf Moral und Ethik und zur missbräuchlichen Verwendung von Moral, um komplexe gesellschaftliche und politische Abwägungsfragen in unzulässiger Weise zu vereindeutigen. Das kann man als eine neue Form der Gesetzlichkeit bezeichnen.

Nicht, dass sich die evangelische Kirche nicht zu Themen wie dem Klimaschutz, der Flüchtlings- und Migrationspolitik oder zum Thema Diversität und Geschlechteridentitäten äußern sollte. Doch stellt sich die Frage, was sie zu alldem zu sagen hat, was nicht andere Organisationen genauso sagen können.

Dezidiert theologische Begründungen sollten weder auf stereotype Formeln reduziert, noch beschwiegen werden, wie es sich leider immer wieder beobachten lässt. Auch wenn die jüngste Kirchenmitgliedschaftsuntersuchung zeigt, dass viele Mitglieder durchaus Stellungnahmen der Kirche im politischen Raum gutheißen und auch nicht wegen politischer Statements aus der Kirche austreten. Ohne fundierte Rückbindung an das biblische

## 5.6 Evangelium der Freiheit und kirchliche Medienarbeit

Evangelium bieten ethische und politische Statements auf die Dauer keine ausreichende Motivation, um die vielen Austrittswilligen, die mit Religion im engeren Sinne – von dezidiert christlichen Glaubensinhalten zu schweigen – nichts mehr im Sinn haben, vom Austritt abzuhalten.

Das Evangelium der Freiheit ist, traditionell gesprochen, die Botschaft von der Rechtfertigung des Sünders allein durch den Glauben, allein aus Gnade und allein um Christi willen. Die Rede vom sich selbst und den Menschen rechtfertigenden Gott ist Rede vom Handeln Gottes am Menschen und der Welt. Sie eröffnet ein spezifisch theologisches Verständnis von Freiheit, welche die Grundbedingung allen Handelns ist. Als Handlungstheorie kann eine in der Rechtfertigungslehre begründete theologische Ethik nur insofern gelten, als mit dem Handlungsbegriff auch das vorgängige Verständnis von Ethik der Kritik unterzogen wird. Es zeigt sich dann, dass die Ethik der Rechtfertigungslehre nicht so sehr eine solche des Tuns als vielmehr des Lassens ist.[19] Plakativ lautet das Motto einer an der Rechtfertigungslehre gewonnenen Ethik des Sein-Lassens in Umkehrung des Satzes aus Jak 1,22: „Seid aber Hörer des Wortes und nicht Täter allein, wodurch ihr euch selbst betrügt!" Das Evangelium als Rede vom Handeln des rechtfertigenden Gottes beschreibt den Menschen, und zwar gerade den zum Handeln aufgerufenen, als rezeptives Geschöpf Gottes, das sein Leben wie Gottes Gnade nur von Gott

---

19 Vgl. auch Ulrich H. J. Körtner, Liebe, Freiheit und Verantwortung. Grundzüge evangelischer Ethik, in: Richard Amesbury/Christoph Ammann (Hg.), Was ist theologische Ethik? Beiträge zu ihrem Selbstverständnis und Profil, Zürich 2015, 29–47.

20 Hans Weder, Neutestamentliche Hermeneutik, Zürich 1986, 150: „Hören [...] stellt die Lebensform der Rezeptivität überhaupt dar." Vgl. dort auch 145 ff. Siehe ferner Walter Mostert, Ist die Frage nach der Existenz Gottes wirklich radikaler als die Frage nach dem gnädigen Gott?, in: ZThK 74

allein empfangen kann. Die Lebensform aber, in der die Rezeptivität des Menschen ausdrücklich wird, ist das Hören.[20] Der gläubige Mensch ist ganz Ohr. Das Hören des Wortes Gottes ist allerdings ebenso wenig gegen das menschliche Tun auszuspielen wie umgekehrt das Tun gegen das Hören, doch liegt nach biblischer Auffassung ein eindeutiges Gefälle vom Hören zum Tun vor, so dass dem Hören theologisch der Primat zukommt.

### 5.6.2 Das Evangelium als Kriterium

Kommen wir nun zum Evangelium als Kriterium der Medienarbeit. Das Evangelium der Freiheit soll nicht nur Inhalt, sondern auch Maßstab öffentlicher Kommunikation der Kirchen und ihres Umgangs mit Massenmedien sein. Dabei geht es nicht nur darum, sich etwa gegen die Verbreitung von Hass und gegen die öffentliche Demütigung von Menschen und Menschengruppen in den Medien zu engagieren. Wie es um die Botschaft von der Rechtfertigung allein aus Gnade und allein durch den Glauben in den Kirchen steht, zeigt sich auch daran, wie sie in der Öffentlichkeit mit eigenen Fehlern, Unzulänglichkeiten und schweren Versäumnissen umgehen. Aufgebrochen ist diese Frage zum Beispiel im Fall von Präses Kurschus, den im Zusammenhang mit den gegen sie erhobenen Vorwürfen begangenen Kommunikationsfehlern und den Umständen ihres Rücktritts von allen kirchlichen Ämtern. Es ist hier nicht der Ort, die Vorgänge im Einzelnen zu analysieren. Als Beobachter fragt man sich aber schon, wie ernst die Kirche die von ihr verkündigte Botschaft von der Rechtfertigung des Sünders nimmt, wie ein christlicher Umgang mit Schuld und Vergebung auch in der medialen Kommunikation erlebbar wird, ohne dass etwa die Opfer sexualisierter Gewalt ein zweites Mal viktimisiert werden.

---

(1977), 86–122, hier 120 f.; Albrecht Peters, Rechtfertigung (HST 12), Gütersloh 1984, 205.

## 5.6 Evangelium der Freiheit und kirchliche Medienarbeit

Wenden wir uns ganz zum Schluss noch einmal den kircheneigenen Medien zu. Ist das Evangelium die Botschaft von der Freiheit der Kinder Gottes, gilt es zu prüfen, inwiefern auch die Kirche eine Institution eben dieser Freiheit – verstanden als kommunikative Freiheit – ist.

Mit der emphatischen Rede von der evangelischen Kirche als Kirche der Freiheit und der viel zitierten, aber auch strapazierten Formel Robert Geisendörfers, die Freiheit und Professionalität als die Grundprinzipien evangelischer Publizistik nennt,[21] ist diese Frage ja noch nicht beantwortet, sondern allererst aufgeworfen. Besteht nach reformatorischer Tradition ein innerer Zusammenhang von Rechtfertigung und Freiheit, stellt sich ganz grundsätzlich die Frage, welche Institutionen kommunikative Freiheit ermöglichen und fördern oder aber verhindern und zugleich – im Sinne ihrer Selbstbegrenzung – die Unverfügbarkeit des Menschen und seiner Würde achten, für die der biblische Begriff der Gottebenbildlichkeit steht. Sie richtet sich insbesondere an die Kirchen, an Diakonie und Caritas mit ihren Einrichtungen, aber auch an die kirchlichen Medien und ihre Organisationen. Wie freiheitsfördernd oder freiheitshemmend kirchliche Medien sind, zeigt sich konkret in ihrer Praxis der Presse- und Meinungsfreiheit, der journalistischen Sorgfaltspflicht, aber auch den Freiräumen, die Redaktionen und Verlagen von den Kirchen eingeräumt werden. Evangelische Publizistik ist nicht mit kirchenamtlicher Pressearbeit zu verwechseln. Wie breit ist der Spielraum für divergierende Positionen? Wie weit finden Minderheitspositionen Gehör, die gegen den kirchlichen Mainstream stehen? In welchen Fällen besteht die Gefahr der Selbstzensur? Wie kritisch ist evangelische oder auch katholische Publizistik gegenüber der eigenen Kirche? Welches Maß an Kri-

---

21 Vgl. Robert Geisendörfer, Für die Freiheit der Publizistik, Stuttgart/Berlin 1978.

## 5 KIRCHE UND MEDIEN – DAS EVANGELIUM DER FREIHEIT

tik ertragen Kirchen aus den eigenen Reihen? Aber auch: Wo liegen Grenzen des Sagbaren, weil es zum Evangelium der Freiheit im offenen Widerspruch steht? Wie werden solche Grenzen ausgehandelt und von wem? Last but not least: Was ist der Kirche der Freiheit eine kritische evangelische Publizistik auch in ökonomischer Hinsicht wert? Was die kircheneigene Ausbildung angehender Journalistinnen und Journalisten?

### 5.6.3 Evangelische Tugenden in der Medienarbeit

Eine eigenständige evangelische Publizistik, die nicht mit den kirchenamtlichen Pressestellen zu verwechseln ist, sondern auch gegenüber der Kirche eine kritische Funktion ausübt, ist nach meinem Dafürhalten eine innere Konsequenz des Evangeliums der Freiheit. Dieses ist das Medium der Freiheit schlechthin. Wie in der modernen demokratischen Gesellschaft, wo man von den Medien als vierter Gewalt spricht, spielt meines Erachtens die evangelische Publizistik in der Kirche eine vergleichbare Rolle. Sie stärkt im besten Fall das Priestertum aller Getauften, wenn sie die eigenständige Meinungsbildung der Kirchenmitglieder über Entwicklungen und Themen in Kirche und Gesellschaft fördert, zugleich aber auch eine unverzichtbare Aufgabe für die säkulare Gesellschaft erfüllt, in der es zunehmend an soliden Kenntnissen über Religion, Christentum und Kirche mangelt – übrigens auch unter Journalistinnen und Journalisten.

Grundlegende Tugenden einer vom Evangelium der Freiheit geleiteten Medienarbeit sind Wahrheitsliebe, Kritikfähigkeit und Freimut. Zur Wahrheitsliebe möchte ich nur Paulus aus dem Hohelied der Liebe in 1. Korinther 13 zitieren: Die Liebe „freut sich nicht an der Ungerechtigkeit, sie freut sich aber an der Wahrheit" (1Kor 13,6). Auch zur Kritikfähigkeit sei auf Paulus verwiesen: „Prüft alles, und das Gute behaltet" (1Thess 5,21). Der 1. Johannesbrief fordert dazu auf, die Geister zu prüfen, ob sie von Gott sind oder nicht (vgl. 1Joh 4,1).

## 5.6 Evangelium der Freiheit und kirchliche Medienarbeit

Schließlich der Freimut, die *parrēsia*, wie es im Griechischen heißt. Das Wort findet sich 31mal im Neuen Testament, davon allein neunmal im Johannesevangelium und viermal im 1. Johannesbrief, sowie neunmal in der Apostelgeschichte. Die vormals ängstlichen Jünger finden zu Pfingsten den Mut in aller Freiheit und Unerschrockenheit das Evangelium von Jesus Christus zu verkündigen (vgl. Apg 2,29; 4,13 u. ö.). Das griechische Wort setzt sich aus *pan* („alles") und *rhēsis* („Rede") zusammen und bezeichnet wörtlich „die Freiheit, alles zu sagen [...], und von daher die Freimütigkeit und Offenheit der Rede"[22]. Im Griechischen findet sich die Wortgruppe vor allem im politischen Schrifttum. Gemeint ist die Redefreiheit in der attischen Demokratie, die freilich nur für die freien Bürger galt, nicht für die Sklaven. Wenn diese sich das Wort herausnahmen, galt dies als aufrührerische Dreistigkeit. In der christlichen Gemeinde, in der die sozialen Unterschiede zwischen Sklaven und Freien, Mann und Frau, Juden und Nichtjuden aufgehoben sind (vgl. Gal 3,28), dürfen auch die Sklaven das Wort ergreifen. Der Mut zur freien Rede kommt aus dem Glauben. Er ist eine Wirkung des göttlichen Geistes. Solcher Mut, solche Unerschrockenheit ist für evangelische Publizistik unerlässlich, auch gegenüber der eigenen Kirchenleitung.

Die evangelische Publizistik befindet sich im Umbruch. Für eine Kirche, die sich als Kirche der Freiheit versteht, ist und bleibt sie ein Bewährungsfeld für ihr Verständnis kommunikativer Freiheit, das im Evangelium der Freiheit gründet und sich in seiner Kommunikation realisiert.

---

22 Horst Balz, Art. parrēsia, EWNT III, Stuttgart 1982, 105–112, hier 106.

# 6 Christ sein – Christ werden
## Einübung im Christentum

### 6.1 „Christsein" im Spannungsfeld zwischen Empirie und normativer Begrifflichkeit

Lag der Fokus dieses Buches in den vorangegangenen Kapiteln auf der Kirche als Geschöpf und Träger des Gotteswortes, so richtet sich der Blick im Schlusskapitel auf die glaubenden Individuen, also die einzelnen Christenmenschen, die freilich nicht in ihrer Vereinzelung, sondern als Glieder der Kirche zu sehen sind, die gleichermaßen Adressaten wie Subjekte der Kommunikation des Evangeliums sind. Wie also stellt sich die christliche Existenz gemäß dem Verständnis der Kirche des Wortes dar? Was heißt Christsein in reformatorischer Tradition?

Wir diskutieren diese Frage, die schon in der Einleitung im Gespräch mit Tilmann Haberer aufgeworfen wurde, im Folgenden mit dem Praktischen Theologen Christian Grethlein. „Christsein" ist der Schlüsselbegriff in seinen Arbeiten, die er in den vergangenen Jahren zur Grundlegung der Praktischen Theologie vorgelegt hat.[1] Ähnlich wie Haberer[2] gebraucht Grethlein den Terminus „Christsein" anstelle von „Kirche", aber auch von „Religion" als Leitbegriff, weil diese nicht mehr dazu taugen, die fortschreitende Individualisierung und Pluralisierung des

---

1 Vgl. Christian Grethlein, Christsein als Lebensform. Eine Studie zur Grundlegung der Praktischen Theologie (ThLZ.F 35), Leipzig 2018.
2 Vgl. Tilmann Haberer, Kirche am Ende. 16 Anfänge für das Christsein von morgen, Gütersloh 2023.

## 6.1 "Christsein" zwischen Empirie und Normativität

Christentums – oder sollten wir besser sagen: der Christentümer – zu beschreiben. Auch bei Grethlein steht "Christsein" für eine Vielgestaltigkeit von Lebensformen und Lebensstilen, deren gemeinsamer Bezugspunkt darin liegt, dass sich Menschen in irgendeiner für sie bestimmenden Weise auf Jesus Christus, genauer: „auf das Auftreten, Wirken und Geschick Jesu"[3] von Nazareth beziehen. Der „aus der biegsamen Kategorie ‚Leben' sowie dem ‚Ordnungsprinzip Form' zusammengesetzte Begriff Lebensform"[4] biete den Vorteil, für Phänomene der Individualität und der Sozialität in gleicher Weise offen zu sein. Zudem trage er dem Umstand Rechnung, dass die ersten Christusanhänger – in Act 11,26 *Christianoi* genannt – nicht so sehr durch ihre Lehren und Glaubensüberzeugungen, sondern „durch ihr Verhalten"[5] aufgefallen seien. Grethlein führt als Beispiel die Abhandlung *An Diognet* an, die möglicherweise um 200 n. Chr. verfasst wurde.[6] Der apologetische Text notiert unter anderem, dass die Christen die Aussetzung von neugeborenen Kindern ablehnen, die in der Antike eine verbreitete Praxis war (vgl. Diog 5,6).

Grethlein verwendet die Begriffe „Christ" und „Christsein" denkbar weit, auch in seinem monographischen Durchgang durch die Geschichte christlicher Liturgie, Bildung und Spiritualität, den er 2022 vorgelegt hat.[7] Als Beschreibungskategorie für eine vielgestaltige Lebensform soll der Begriff von normativen Bestimmungen möglichst freigehalten werden. „[I]n der Tradi-

---

3 Christian Grethlein, Christsein als Lebensform – grundsätzliche Überlegungen, in: ZThK 119 (2022), 414–426, hier 416.

4 Wörtliches Zitat Herbert Hrachovec, Formvollendet? Nein danke!, in: Christian Denker (Hg.), Lebensform Wittgenstein. Bilder und Begriffe, Wien 2009, 21–24, hier 24, bei Grethlein, Christsein (s. Anm. 3), 416.

5 A. a. O., 415.

6 A. a. O., 419.

7 Vgl. Christian Grethlein, Christliche Lebensform. Eine Geschichte christlicher Liturgie, Bildung und Spiritualität, Berlin/Boston 2022, 238.

tion von Wächtern über die ‚rechte' Lehre [...] zu entscheiden, ob jemand Christ ist oder nicht"[8], ist Grethleins Sache nicht. So kann denn in seinem abschließenden Überblick über die Pluriformität der christlich genannten Lebensform auch einem „Deutschen Christen" aus der NS-Zeit fiktiv das Wort erteilt werden.[9]

Spätestens an dieser Stelle stellt sich aber doch die Frage, ob der Begriff des Christseins bei Grethlein wirklich so „undogmatisch" verwendet wird, wie es auf den ersten Blick den Anschein hat. Tatsächlich rechnet er die „Deutschen Christen" – er setzt die Bezeichnung nicht in Anführungszeichen – zu den „Kontextualisierungen", die aus heutiger Perspektive direkt gegen das Evangelium Jesu verstießen, wozu für Grethlein auch die Kreuzzüge, die „menschenverachtende Ausbeutung der indigenen Bevölkerung Amerikas sowie von Afrikanern im Zusammenhang mit ihrer sog. ‚Mission'"[10], Hexenverfolgungen und sonstige wiederkehrende „Exklusionen bestimmter Menschengruppen"[11] zählen. Es zeigt sich deutlich, dass auch Grethlein, bei aller Offenheit seiner Begrifflichkeit, welche vorschnelle Einengungen des Christlichen und die Verwendung von „zombie categories"[12] (Ulrich Beck) vermeiden will, einen normativen Begriff des Christseins intendiert, auch wenn dieser im Unterschied zu einem dogmatisch gewonnenen fluide ist.

Nun steht die Bezeichnung „Christ" seit frühester Zeit in der Spannung zwischen Fremd- und Selbstbezeichnung. Der älteste

---

8 Ebd.
9 Vgl. a. a. O., 244 f.
10 A. a. O., 249.
11 Ebd.
12 Grehtlein, Christsein als Lebensform (s. Anm. 1), 10. Vgl. Ulrich Beck, Zombie Categories. Interview with Ulrich Beck, in: Ders./Elisabeth Beck-Gernsheim, Individualisation. Institutionalized Individualism and Its Social and Political Consequences (Theory, Culture & Society 13), London 2002, 202–212, hier 203.

## 6.1 „Christsein" zwischen Empirie und Normativität

Beleg findet sich in Act 11,26. Lukas berichtet, im syrischen Antiochia, wohin man Paulus nach seinem Bekehrungserlebnis vor Damaskus brachte, seien die Anhänger (*mathetai*) Jesu *christianoi* genannt worden. Es handelt sich also eindeutig um eine Fremdbezeichnung, noch dazu um eine, die aus dem Lateinischen stammt, wie die Wortbildung klar zu erkennen gibt.[13] Offenbar wurde *Christos* von Außenstehenden als Eigenname verstanden, nicht als messianischer Hoheitstitel, der die Bezeichnung in Wahrheit ist. Die *Christianoi* waren also die Anhänger eines gewissen Christus, von dem sich auch außerhalb der neutestamentlichen Evangelien in römischen Quellen spärliche Erwähnungen finden. Auch im Ersten Petrusbrief, dessen Entstehungszeit heute zwischen 90 n. Chr. und 130 n. Chr. angesetzt wird,[14] ist *Christianoi* eine Fremdbezeichnung, wenn die Möglichkeit angesprochen wird, dass jemand aus der Gemeinde deshalb leidet, weil man ihn als Christen identifiziert. Dafür solle man sich aber nicht schämen, sondern Gott die Ehre geben, indem man sich öffentlich zu diesem Namen bekennt (vgl. 1Petr 4,16). Wer als Christ bezeichnet wird, soll sich diese Bezeichnung nicht nur gefallen lassen, sondern sich auch als Christ erweisen, d. h. sich die Fremdbezeichnung zu eigen machen und ein entsprechendes Verhalten an den Tag legen.

Die Spannung zwischen Fremd- und Selbstbezeichnung zeigt sich nun auch darin, dass Menschen anderen Personen, aber auch sich selbst, aus unterschiedlichen Gründen das Christsein zu-

---

13 Vgl. Jürgen Roloff, Die Apostelgeschichte (NTD 5), Göttingen 1981, 181. Dass es sich um eine Selbstbezeichnung handeln könnte, ist äußerst unwahrscheinlich. Vgl. Daniel Marguerat, Die Apostelgeschichte (KEK Neuauslegungen 3), Göttingen 2022, 449–451.

14 Vgl. Marlies Gielen, Der erste Petrusbrief, in: Martin Ebner/Stefan Schreiber (Hg.), Einleitung in das Neue Testament, Stuttgart ³2020, 521–533, hier 529 f.

oder absprechen. Das kann gleichermaßen durch Menschen geschehen, die sich für Christen halten, wie durch solche, die sich ausdrücklich nicht als solche deklarieren. So hat der katholische Theologe Karl Rahner, woran Grethlein erinnert,[15] den Begriff der „anonymen Christen"[16] auf Menschen gemünzt, die sich subjektiv gar nicht als Christen verstehen – etwa die Angehörigen einer anderen Religion –, denen Rahner aber zuspricht, im christlichen Sinne gläubig zu sein und ein Ethos zu praktizieren, wie es dem Christentum entspricht. Ähnlich verhält es sich mit Paul Tillichs Idee einer latenten Kirche,[17] die über die Grenzen der verfassten Kirchentümer hinausreicht. In beiden Fällen bewegen wir uns im Rahmen einer inklusivistischen Theologie der Religionen bzw. einer christlich geprägten Kulturtheologie.

Wiederum gibt es Beispiele, dass sich Menschen selbst das Christsein absprechen, sei es, dass sie es in einem radikalen Sinne für unerfüllbar halten, ein wahrer Christ zu sein – man denke an Søren Kierkegaard gegen Ende seines Lebens – sei es, dass sie subjektiv zu der Überzeugung gelangt sind, ihren Glauben verloren zu haben, sich aber auch nicht länger als Kulturchristen bezeichnen möchten. Beispielhaft ist dafür der Kirchenhistoriker und Neutestamentler Franz Camille Overbeck (1837–1905),[18] der gleichwohl den „Christennamen" trotz des von ihm diagnostizierten Ende des Christentums als „kategorischen Imperativ" gegen den „kalten Egoismus" der Moderne beschwor.[19] Ein Bei-

---

15 Vgl. Grethlein, Christliche Lebensform (s. Anm. 7), 238.
16 Vgl. Karl Rahner, Die anonymen Christen, in: Ders., Schriften zur Theologie, Bd. 6, Einsiedeln 1965, 545–554.
17 Vgl. Paul Tillich, Systematische Theologie, Bd. III, Stuttgart, 180 u. ö.
18 Zu Overbeck siehe Niklaus Peter, Im Schatten der Modernität. Franz Overbecks Weg zur „Christlichkeit unserer heutigen Theologie", Stuttgart 1992; Andreas Urs Sommer, Der Geist der Historie und das Ende des Christentums. Zur „Waffengenossenschaft" von Friedrich Nietzsche und Franz Overbeck, Berlin 1997.

spiel aus jüngerer Zeit ist der intellektuelle Rechenschaftsbericht des Philosophen Kurt Flasch „Warum ich kein Christ bin"[20]. Letzterer ist für unser Thema auch deshalb interessant, weil Flasch das Christsein gerade nicht nur an einer bestimmten Lebensform oder Praxis festmacht, sondern weil es ihm primär um die christliche Lehre geht. „Wo es wirklich Leben ist"[21], will Flasch das Christentum nicht kritisieren, doch Christsein ohne innere Zustimmung zu den Lehren des Christentums ist für ihn ein Unding.

Nun mag man darüber streiten, ob ein auf sein Ethos reduziertes Christentum noch diesen Namen verdient. Das aber zeigt doch nur, wie nötig es ist, den Begriff des Christlichen bzw. des Christseins nicht nur empirisch oder historisch, soziologisch oder kulturtheoretisch, sondern auch normativ zu fassen.

Ein weiteres kommt hinzu. Die Geschichte des Christentums kennt genügend Beispiele von Menschen, die nicht in einem statischen Sinne vom Christsein oder Nichtsein sprechen, sondern das Christsein als ein Sein im Werden begreifen. Zu denken ist nicht nur an klassische Bekehrungsgeschichten wie die des Kirchenvaters Augustin, sondern auch an das Bekehrungsmotiv im Pietismus, bei dem es darum geht, dass Menschen, die kraft ihrer Taufe und Kirchenzugehörigkeit nominell Christen waren, sich aber erst nach einem ihr Leben neu bestimmenden Bekehrungsvorgang als wahre Christen verstehen. Auch ein protestantischer Theologe wie Dietrich Bonhoeffer, der zu den christlichen Märtyrern des 20. Jahrhunderts gerechnet wird, kann von sich in einer autobiographischen Briefnotiz schreiben, er sei zur Zeit

---

19 Zitiert nach Friedrich-Wilhelm Graf, Art. Overbeck, Franz Camille, RGG[4] VI, Tübingen 2003, 758–759, hier 759.

20 Kurt Flasch, Warum ich kein Christi bin. Bericht und Argumentation, München 2013.

21 A. a. O., 11.

## 6 CHRIST SEIN – CHRIST WERDEN

nach seinem zweiten theologischen Examen und seiner Habilitation „noch kein Christ geworden"[22], obwohl er doch bereits ein anerkannter und aufstrebender Theologe war und schon oft gepredigt hatte.

Statt fraglos die Existenz des Christseins als Lebensform vorauszusetzen, thematisiert der vorliegende Beitrag die Differenz zwischen Anspruch und Wirklichkeit des Christseins und der Prozesshaftigkeit der Christwerdung. Die Untersuchung zielt nicht auf eine normative Bestimmung oder eine Kriteriologie des Christlichen im dogmatischen Sinne, um zwischen wahrem und falschem Christentum oder zwischen vermeintlicher Rechtgläubigkeit und vermeintlicher Ketzerei zu unterscheiden. Wohl aber besteht ihr Ziel darin, die Unterscheidung zwischen Anspruch und Wirklichkeit des Christseins als ein notwendiges Moment desselben neu bewusst zu machen. Diese Unterscheidung ist jeder Form des Christseins aufgegeben, so unterschiedlich auch die Antworten ausfallen mögen, die in den verschiedenen Ausprägungen des Christentums gegeben werden. Zu fragen ist auch, mit welcher Absicht begriffliche Unterscheidungen eingeführt und vorgenommen werden. Dienen sie dem Ausschluss bestimmter Menschen, oder dienen sie der Selbstvergewisserung und der kritischen Selbstprüfung? Weiter gefragt: Was unterscheidet Christen und Nichtchristen? Besteht ein Unterschied zwischen *nicht*christlich und *un*christlich? Wenn christlich gleich christusgläubig ist: Gibt es nur Gläubige und Ungläubige? Oder besteht ein Unterschied zwischen nicht glauben und Unglauben? Wer definiert die Zugehörigkeit zum Glauben oder zum Unglauben? In der empirischen Beschreibung von

---

22 Dietrich Bonhoeffer, Illegale Theologenausbildung Finkenwalde 1935–1937, hg. v. Otto Dudzus u. a. (DBW 14), Gütersloh 1996, 113 (Brief an Elisabeth Zinn, spätere Ehefrau des Neutestamentlers Günther Bornkamm, vom 27.1.1936).

Christsein als Lebensform mögen solche Fragen abgeschattet werden. Innerhalb der sich als christlich verstehenden Lebensformen aber stellen sie sich. Ihre Bearbeitung, so die These, ist ein notwendiges Moment dieser Lebensform in ihren pluralen Gestalten.

## 6.2 „Christ" und Christen

Befassen wir uns zunächst noch genauer mit der Fremd- und Selbstbezeichnung „Christ" sowie mit weiteren Selbst- und Fremdbezeichnungen, die es für Christen bzw. Anhänger der christlichen Religion gibt. Der älteste Beleg für die Bezeichnung *christianoi* in Act 11,26 wurde bereits erwähnt. Davon ist das deutsche Wort „Christ" abgeleitet. Dieser Name war allerdings ursprünglich die Eindeutschung von „Christus" = Messias. „Der Christ" ist also Jesus Christus. Man denke an Kirchenlieder wie den Osterhymnus „Christ ist erstanden" (EG 99). Auch im Englischen wird mit „Christ" Jesus von Nazareth als der Christus („Jesus Christ") bezeichnet, der auch als „Christ the Lord" tituliert wird. Ebenso verhält es sich im Französischen, wo „le Christ" synonym mit „Jésus-Christ" ist. Im Frühneuhochdeutschen werden Christen häufig „Christenmenschen", „Christenleute" oder „Christenman" genannt.[23] Ein prominentes Beispiel dafür ist der deutsche Titel von Martin Luthers Schrift *De libertate christiana*: „Von der Freiheit eines Christenmenschen" (1520). Luther gebraucht allerdings auch die Bezeichnung „Christen". „Christ" im Sinne von „Christenmensch" oder Angehöriger der christlichen Religion heißt auf Englisch „Christian", das ebenso wie die französische Bezeichnung „le chrétien" und die im Deutschen

---

23 Belege siehe unter https://fwb-online.de/lemma/christenmensch.s.om und https://fwb-online.de/lemma/christenman.s.om (Frühneuhochdeutsches Wörterbuch; letzter Zugriff: 14.3.2024).

## 6 CHRIST SEIN – CHRIST WERDEN

geläufigen Vornamen Christian und Christiane auf das neutestamentliche *christianos* zurückgeht.[24]

Neben Act 11,26 findet sich die Bezeichnung *christianos* nur an zwei weiteren Stellen im Neuen Testament, auch hier beide Male als Fremdbezeichnung. Auf 1Petr 4,16 wurde bereits hingewiesen. Der Text zeigt, wie sich die Adressaten die Fremdbezeichnung zu eigen machen bzw. sie dazu aufgefordert werden, dies zu tun und sich des Namens, der ja auf Jesus Christus verweist, als würdig zu erweisen. Sich zum Christsein zu bekennen, heißt, um Christi und seines Namens willen Beschimpfungen zu erdulden (vgl. 1Petr 4,4) oder zu leiden, für ihn Zeuge zu sein und so Gott die Ehre zu erweisen.

Aufschlussreich ist auch die sonstige Selbstbezeichnung der Christen im pseudonymen 1Petr. Der Autor adressiert seine Leser als „auserwählte Fremdlinge" (*eklektoi parepídemoi*), die in den im Proömium genannten kleinasiatischen römischen Provinzen in der Zerstreuung (*diasporá*) leben (1Petr 1,1; vgl. 1Petr 2,11). Die Adressaten werden später als auserwähltes Geschlecht, als königliche Priesterschaft und heiliges Volk bzw. als Volk Gottes (*laòs theou*) angesprochen (1Petr 2,9 f.).

In Act 11,26 lautet die Selbstbezeichnung hingegen „Jünger" (*mathetai*). An anderen Stellen in der Apostelgeschichte lautet die ekklesiologische Selbstbezeichnung der Christen „der [sc. neue] Weg (*hódos*)"[25]. Die antiochenische Gemeindegründung geht nach der Schilderung der Apostelgeschichte auf namentlich ungenannte Mitglieder der Jerusalemer Gemeinde zurück, die nach der Verfolgung und Steinigung des Stephanus aus der Stadt

---

24 Varianten von Christiane sind Christine, Kerstin oder Kirsten. Letztere wird im Skandinavischen sowohl als weiblicher wie als männlicher Vorname benutzt.

25 Vgl. Act 9,2; 19,9; 22,4; 24,14.22. Siehe dazu Marguerat, Apostelgeschichte (s. Anm. 13), 675.

## 6.2 „Christ" und Christen

nach Zypern und in die Zyrenaika geflüchtet sind und von dort nach Antiochia gelangten. Sie haben den dort ansässigen „Griechen" das Evangelium von „Jesus, dem Herrn" (*kýrios Iesoûs*) verkündigt (Act 11,20). Die Textstelle spricht nicht von Menschen, die ergebnisoffen[26] „das Evangelium kommunizieren"[27], wie Grethlein übersetzt, sondern von der Verkündigung der Heilsbotschaft.[28]

Ein weiterer Beleg für *christianos* findet sich in Act 26,28. Act 25,23–26,32 schildert den Auftritt des Paulus vor dem der herodianischen Dynastie entstammenden König Agrippa II. und seiner Schwester Berenike, die mit ihm in einer inzestuösen Beziehung lebte. Der Szene vorangegangen ist der Prozess des Paulus vor dem Präfekten Porcius Festus. Gegen Ende ihres Gespräches sagt Agrippa zu Paulus: „Es fehlt nicht viel, so wirst du mich noch überreden und einen Christen (*christianós*) aus mir machen" (Act 26,28). Der König verwendet also die römische Fremdbezeichnung „Christianus/*christianos*" für Paulus und die Anhänger Jesu. Paulus aber antwortet (V. 29): „Ich wünschte vor Gott, dass über kurz oder lang nicht allein du, sondern alle, die mich heute hören, das würden, was ich bin, ausgenommen diese Fesseln." Mit anderen Worten: Paulus lässt sich die Fremdbezeichnung gefallen. Bekennt sich dazu – um mit Agrippa und wohl auch den römischen Behörden zu sprechen –, ein Christ zu sein, und hofft, dass auch alle anderen, die ihm zugehört haben, zu Christen werden.

In Act 24,5 werden die Anhänger Jesu vom römischen Präfekten Felix als „Nazoräer (Nazarener)" bezeichnet. Paulus, so lautet

---

26 Vgl. Grethlein, Christsein (s. Anm. 3), 417.

27 Grethlein, Christliche Lebensform (s. Anm. 7), 238.

28 Das Verb *euangelizesthai* bedeutet im Griechischen „eine Botschaft überbringen". Man sollte in die mediale Verbform nicht die eigene theologische Konzeption hineinlesen. Zu Grethleins Übersetzung vgl. Grethlein, Christsein als Lebensform (s. Anm. 1), 40.

der Vorwurf, sei „ein Anführer der Sekte der Nazoräer" (*Nazoraion hairesis*). „Sekte" meint hier, dass die Christusanhänger als „jüdische Sonderrichtung [...] neben anderen wie den Sadduzäern [...] oder den Pharisäern [...] dargestellt wird"[29]. In Act 2,22; 6,15 wird Jesus als *Iesus ho Nazoraios* bezeichnet. *Nazoraios* ist wohl als Herkunftsbezeichnung zu verstehen: Jesus aus Nazareth. Andere Ableitungsversuche für *Nazoraios* von *nozri* = Nasiräer = Ausgesonderter, von *nezer* = (messianischer Spross; vgl Jes 11,1) oder von *nazir* = Fürst werden in der neueren Fachliteratur für unwahrscheinlich gehalten.[30] Als Fremdbezeichnung finden wir „Nazarener" hingegen auch bei Tertullian, Adv. Marc. 4,8: „Die Juden nennen uns Nazarener". Auch Euseb, onom. 138, 24 f. erwähnt, dass die Christen in älterer Zeit Nazarener genannt wurden. Von diesem allgemeinen Sprachgebrauch ist die Bezeichnung Naraäer oder Nazoräer für eine judenchristliche Gruppe im 4./5. Jahrhundert zu unterscheiden, die zuerst bei Epiphanius von Salamis (310–403) und Hieronymus (348/49–420) erwähnt wird. Ihre historische Einordnung und mögliche Verbindung zur ersten christlichen Gemeinde in Jerusalem ist umstritten.[31] Das im Babylonischen Talmud vorkommende hebräische Nozri (נוֹצְרִי) wird bis heute im modernen Hebräisch (Ivrit) als Bezeichnung für die Christen verwendet. Dem wiederum entspricht die islamische Bezeichnung für Christen im Arabischen: Naṣrānī. Ihre Apostrophierung als Ṣalībī = Kreuzfahrer ist hingegen ein moderner Terminus.

Wie mit der Übernahme des Namen *Christianoi* die Unterscheidung zwischen äußerlicher Bezeichnung und innerem An-

---

29 Roloff, Apostelgeschichte (s. Anm. 13), 336.
30 Vgl. a. a. O., 56; Marguerat, Apostelgeschichte (s. Anm. 13), 115, Anm. 37: „Ναζωραῖος ([Act 2] V. 22b) ist eine lk Variante von Ναζαρηνός (Lk 4,34; 24,19), die ausschließlich geographische Bedeutung hat: aus der Stadt Nazareth stammend."
31 Vgl. Jörg Frey, Art. Nazaräer, RGG⁴ VI, Tübingen 2003, 160.

spruch einhergeht, zeigt sich bei Ignatius von Antiochien. Die Echtheit und Entstehungszeit der unter seinem Namen überlieferten Briefe ist zwar umstritten, doch wird in jüngerer Zeit mit guten Gründen die Echtheit der sieben Briefe der sogenannten mittleren Rezension vertreten, die vermutlich im 4. Jahrhundert entstand.[32] In Ign Magn 10,3 stellt Ignatius einen Gegensatz zwischen Christianismos und Joudaismos auf. So sei es nicht angebracht, sich zu Jesus Christus zu bekennen und gleichzeitig eine jüdische Lebensweise zu praktizieren. „Denn das Christentum hat nicht an das Judentum geglaubt, sondern das Judentum an das Christentum, zu dem jede Zunge, die an Gott glaubte, versammelt wurde."[33] Man kann in dieser Aussage eine Näherbestimmung dessen finden, was Ignatius in Magn 4 schreibt: Es gezieme sich, „nicht nur Christen (Christianoí) zu heißen, sondern es auch zu sein"[34]. In seinem Brief an die Römer bittet Ignatius seine Adressaten: „Erfleht mir einzig Kraft, innerlich und äußerlich, damit ich nicht nur rede, sondern auch wolle, nicht damit ich nur ein Christ (Christianós) heiße, sondern auch [als solcher] erfunden werde! Denn wenn ich [als solcher] erfunden werde, kann ich auch so heißen und kann dann ein Gläubiger (pistós) sein, wenn ich für die Welt nicht mehr zu sehen bin." (Ign Röm 3,2)[35]

Machen wir geschichtlich einen großen Sprung zu Martin Luther. Auch bei ihm stoßen wir auf die Differenz zwischen äußerer Bezeichnung und tatsächlichem Christsein. In seiner Vorrede zur Deutschen Messe (1526) begründet er, weshalb der

---

32 Siehe dazu Hermut Löhr, Die Briefe des Ignatius von Antiochien, in: Wilhelm Pratscher (Hg.), Die Apostolischen Väter. Eine Einleitung (UTB 3272), Göttingen 2009, 104–129, bes. 107–109.

33 Übersetzung: Joseph A. Fischer (Hg.), Die Apostolischen Väter (Schriften des Urchristentums I), Darmstadt [8]1981, 169.

34 A. a. O., 165.

35 A. a. O., 185.

## 6 Christ sein – Christ werden

Gottesdienst öffentlich und vor allem in verständlicher Sprache gefeiert werden soll. Im weiteren Verlauf der Vorrede unterscheidet er zwischen öffentlicher Gottesdienstversammlung und einem Gottesdienst in einem geschlossenen Kreis, etwa als Hausgemeinde, an dem nur diejenigen teilnehmen sollen, „so mit Ernst Christen wollen sein und das Evangelium mit Hand und Mund bekennen"[36]. In diesem Kreis der ernsthaften Christen sollte nach Luthers Vorstellungen auch im Sinne von Mt 18,15–20 Kirchenzucht geübt werden.

Wie die Radikalisierung des an sich selbst gestellten Anspruchs, ein wahrer Christ zu sein, dahin umschlagen kann, anderen das Christsein abzusprechen, zeigt der Konflikt Søren Kierkegaards mit dem Kopenhagener Bischof Jacob Peter Mynster (1775–1854), den er anfangs verehrte, dem er später aber vorwarf, kein wahrer Christ zu sein.[37] Damit einhergehend verwarf Kierkegaard das verbürgerlichte Christentum der dänischen Staatskirche überhaupt. Als der Kopenhagener Theologieprofessor Hans Lassen Martensen (1808–1884) Mynster bei dessen Beisetzung 1854 als „Wahrheitszeugen" bezeichnete, lief Kierkegaard Ende 1854 dagegen Sturm in einem Artikel in der Zeitung Fædrelandet, dem weitere kirchenkritische Artikel folgen sollten. Seine massive Kirchenkritik setzte er in seiner eigenen ab 1855 erscheinenden Zeitschrift Øjeblikket (Der Augenblick) fort. Kierkegaard stellte an das wahre Christentum derart radikale Ansprüche, dass sie faktisch unerfüllbar waren, womit er auch jeder verfassten Kirche ihre Rechtmäßigkeit absprach.

Als letztes Beispiel aus der jüngeren Christentumsgeschichte sei Dietrich Bonhoeffer angeführt. Dass er sich im Rückblick auf

---

[36] Martin Luther, Vorrede zur Deutschen Messe (1526), WA 19,75,5f. (Schreibweise modernisiert).

[37] Vgl. Gerd Presler, Kierkegaard und Bischof Mynster. Auseinandersetzung zweier Theologien, Münster 1969.

## 6.2 „Christ" und Christen

seine frühen Lebensjahrzehnte das eigene Christsein zunächst absprach, wurde bereits erwähnt. Er machte seine persönliche Wendung vom Theologen zum Christen an einer vertieften Begegnung mit der Bibel, insbesondere mit der Bergpredigt, fest. „Seitdem ist alles anders geworden."[38] In seinen Gefängnisbriefen verwendet Bonhoeffer an wenigen Stellen den Ausdruck „Christsein". An Eberhard Bethge schreibt er im Februar 1944: „Was für seltsame Wege, auf denen man zum ‚Christsein' geführt wird!"[39] Wobei er in einem Atemzug daran erinnert, wie er und Bethge „doch [...] irgendwie Pfarrer geworden"[40] seien, was freilich nicht derart misszuverstehen ist, als setze Bonhoeffer sein Christsein mit dem Pfarrersein gleich. Was er tatsächlich unter Christsein versteht, setzt Bonhoeffer seinem Freund in einem Brief vom 18. Juli 1944 – zwei Tage vor dem gescheiterten Attentat auf Hitler – auseinander: „Christsein heißt nicht in einer bestimmten Weise religiös sein, auf Grund irgendeiner Methodik etwas aus sich machen (einen Sünder; Büßer oder einen Heiligen), sondern es heißt Menschsein, nicht einen Menschentypus, sondern den Menschen schafft Christus in uns. Nicht der religiöse Akt macht den Christen, sondern das Teilnehmen an den Leiden Gottes im weltlichen Leben"[41], wofür Bonhoeffer auf sein Gedicht *Christen und Heiden* verweist.[42]

---

38 Bonhoeffer, DBW 14 (s. Anm. 22), 113. Die Herausgeber meinen, diese Begegnung habe sich „wohl nicht lange vor dem Wintersemester 1932/33 ereignet. Von einer ausdrücklichen ‚Bekehrung' zu sprechen", scheine jedoch „nicht angebracht" (ebd., Anm. 2).

39 Dietrich Bonhoeffer, Widerstand und Ergebung. Briefe und Aufzeichnungen aus der Haft, hg. v. Christian Gremmels u. a. (DBW 8), Gütersloh 1998, 309.

40 Ebd.

41 Bonhoeffer, DBW 8 (s. Anm. 39), 535.

42 Vgl. Bonhoeffer, DBW 8 (s. Anm. 39), 515 f.

## 6 Christ sein – Christ werden

Zum Christen wird man, so ist Bonhoeffer doch wohl zu verstehen, nicht durch äußere Vollzüge oder Rituale wie insbesondere das Sakrament der Taufe. Auch Grethlein sieht in der Taufe kein notwendiges Kriterium für die Bestimmung dessen, was Christsein ausmacht. „Begriffe wie ‚Bluttaufe' bei Katechumenen, die" in der Zeit der Alten Kirche „vor ihrer Wassertaufe das Martyrium erlitten"[43], legten dies nahe. In seinem berühmten Gedanken zum Tauftag seines Patenkindes Dietrich Wilhelm Rüdiger Bethge (Mai 1944), schreibt Bonhoeffer allerdings: „Du wirst heute zum Christen getauft."[44] Das Christsein, so setzt er fort, könne in der Gegenwart allerdings „nur in zweierlei bestehen: im Beten und im Tun des Gerechten"[45]. Bei näherem Hinsehen erschöpft sich das Christsein allerdings nicht in beidem, sondern es kommt, worauf schon in der Einleitung zu diesem Buch hingewiesen wurde, noch ein Drittes hinzu, nämlich angesichts der Kraftlosigkeit der überlieferten Worte und Handlungen des Christentums „auf Gottes Zeit warten", auf den Tag, „an dem wieder Menschen berufen werden, das Wort Gottes so auszusprechen, daß sich die Welt darunter verändert und erneuert"[46].

### 6.3 Einübung ins Christsein

Wie unterschiedlich Christsein auch bestimmt werden mag, ein Grundzug desselben scheint doch darin zu bestehen, dass man es nicht einfach ist oder nicht ist, sondern dass es ein Sein im Werden ist. Der neutestamentliche Topos der Nachfolge steht dafür, wobei die Nachfolge Christi nicht mit seiner Nachahmung zu verwechseln ist, auch wenn die Nachfolge, das Mit-Christus-Ster-

---

43 Grethlein, Christliche Lebensform (s. Anm. 7), 238.
44 Bonhoeffer, DBW 8 (s. Anm. 39), 435.
45 Ebd.
46 Bonhoeffer, DBW 8 (s. Anm. 39), 436.

ben und mit ihm in einem neuen Leben Wandeln mimetische Züge tragen.[47] Christus nachfolgen heißt eben nicht, in allen Einzelzügen das Leben des irdischen Jesu zu imitieren, sondern ein Leben zu führen, das in Entsprechung zu ihm steht (vgl. Phil 2,5–11). In der christlichen Tradition, insbesondere unter der Prägekraft paulinischer Theologie, ist das Christwerden mit der Heiligung, der Unterscheidung von altem und neuem Leben und damit einhergehend mit dem beständigen Sterben des alten Menschen und dem beständigen Auferstehen oder Hervorkommen des neuen Menschen verbunden.

Christsein, so Grethlein, „bezieht sich [...] grundsätzlich auf das Auftreten, Wirken und Geschick Jesu"[48]. In welcher Form dieses Sich-Beziehen stattfindet, bleibt bei dieser weiten Formulierung zunächst offen. Meines Erachtens zeigt aber doch schon der Name „Christen" oder *Christianoi*, dass zu jeder Art von Bezug auf Jesus von Nazareth, die christlich genannt zu werden verdient, dieser als *der Christus*, d. h. als der von Gott gesandte Messias, den das Judentum erwartet hat und noch erwartet, erkannt und geglaubt wird. Jesus als den Christus zu glauben und auch zu bekennen, bedeutet, dass die sprachlichen Zeichen „Gott" und „Jesus" so zusammengesprochen werden, dass sie sich gegenseitig interpretieren. Christologie, die dies gedanklich zu erfassen versucht, ist etwas anderes als eine Jesulogie, so plural die Gestalten christologischen Nachdenkens und Sprechens auch sein mögen. Sie ist in ihren unterschiedlichen Ausprägungen im Sinne Wittgensteins die Grammatik der verschiedenartigen christlichen Lebensformen und ihrer Sprachspiele,[49] unter denen

---

47 Grethlein spricht von der „Mimesis Jesu", Paulus hingegen von Mimesis Christi (1Kor 11,1). Vgl. Grethlein, Christsein als Lebensform (s. Anm. 1), 41–47.204–242.

48 Grethlein, Christsein (s. Anm. 3), 416.

49 Ludwig Wittgenstein, Philosophische Untersuchungen (stw 203), Frank-

eine Familienähnlichkeit besteht. Christsein schließt, wenn man dem Neuen Testament folgt, den Glauben und das Bekenntnis, dass Jesus von Nazareth der Christus Gottes ist, essentiell ein.[50] Das Bekenntnis des Petrus in Mk 8,27 par. wie auch die Aussage des Paulus in Röm 10,9 f. legen dies nahe. Der Glaube, dass Jesus der Messias oder der Herr (*Kyrios*) ist, setzt in allen neutestamentlichen Schriften aber immer den Glauben an seine Auferweckung von den Toten voraus, in deren Licht sein Tod als Heilsgeschehen verständlich wird, so plural die Interpretationen seines Todes als heilvollem Ereignis auch sein mögen. Beides gehört für Paulus zusammen: das Bekenntnis, dass Jesus der Herr ist, und der persönliche Glaube, dass Gott ihn von den Toten auferweckt hat und darin die Rettung des erlösungsbedürftigen Menschen liegt.[51] Dieser Sachverhalt scheint mir bei Grethlein zu sehr abgeschattet zu werden. Er leitet das Christsein in erster Linie schöpfungstheologisch-weisheitlich her und bezieht sich auf die „jesuanischen Kommunikationen" und ihren „inklusiven Impetus",[52] was man als Plädoyer für ein zeitgemäßes undogmatisches Christentum verstehen kann. Recht verstanden bedeutet Christsein allerdings, neu zu lernen und beständig einzuüben, was es heißt, als Geschöpf Gottes zu leben.[53] Das aber ist

---

furt a. M. 1977, 28 (§ 23): „Das Wort ‚Sprachspiel' soll [...] hervorheben, daß das Sprechen einer Sprache ein Teil ist einer Tätigkeit, oder einer Lebensform."

50 Daher kann auch eine christliche Ethik nicht von der Christologie getrennt werden. Sie ist „immer ein Aspekt von Christologie" (Willi Marxsen, „Christliche" und christliche Ethik im Neuen Testament, Gütersloh 1989, 266).

51 Grethlein benennt diesen Zusammenhang zwar bei Paulus (vgl. Grethlein, Christsein als Lebensform [s. Anm. 1], 40 f.), vertieft ihn aber nicht systematisch und praktisch-theologisch.

52 Grethlein, Christsein (s. Anm. 3), 419.

53 Vgl. Hans G. Ulrich, Wie Geschöpfe leben. Konturen evangelischer Ethik (Ethik im theologischen Diskurs 2), Münster ³2023.

nicht allein schöpfungstheologisch, sondern auch kreuzestheologisch durchzubuchstabieren, wie insbesondere von Paulus zu lernen bleibt.

Um noch einmal Bonhoeffer zu Wort kommen zu lassen: „Wir meinen, weil dieser oder jener Mensch lebe, habe es auch für uns einen Sinn zu leben. In Wahrheit aber ist es doch so: Wenn die Erde gewürdigt wurde, den Menschen Jesus Christus zu tragen, wenn ein Mensch wie Jesus gelebt hat, dann und nur dann hat es für uns Menschen einen Sinn zu leben. Hätte Jesus nicht gelebt, dann wäre unser Leben trotz aller anderen Menschen, die wir kennen, verehren und lieben, sinnlos."[54] Christen sind von dieser Überzeugung getragen und leben aus solcher Gewissheit, die aber ohne den Glauben an Kreuz und Auferstehung ihren tragenden Grund verlieren würde. Das neu bewusst zu machen, scheint mir heute die zentrale Aufgabe christlicher Theologie.

Christsein als Lebensform ist – um nochmals mit Paulus zu sprechen – die lebenslange Einübung in ein Leben aus Glaube, Liebe und Hoffnung (vgl. 1Thess 1,3; 1Kor 13,13).[55] Glauben – nämlich um Christi willen Gott über alle Dinge fürchten, lieben und vertrauen[56] – lässt sich freilich nicht empirisch erschließen, wie Grethlein richtig bemerkt.[57] Er ist kein Habitus und Besitz, sondern ist und bleibt eine unverfügbare Gabe und Gnade. Eben darum ist zwischen Christsein als empirisch beschreibbarer Le-

---

54 Bonhoeffer, DBW 8 (s. Anm. 39), 578.
55 Vgl. Ulrich H. J. Körtner, Wahres Leben. Christsein auf evangelisch, Leipzig ²2023.
56 Vgl. Luthers Erklärung zum 1. Gebot in seinem Kleinen Katechismus (BSLK 507,43 f.).
57 Vgl. Grethlein, Christsein als Lebensform (s. Anm. 1), 18. Siehe schon Ign Röm. 3.2: Erst wenn er sich als wahrer Christ bewähre, könne auch ein Christ heißen. Ein wahrer Christ aber könne er nur sein, „wenn ich für die Welt nicht mehr zu sehen bin" (Übersetzung: Fischer, Apostolische Väter [s. Anm. 33], 185.

bensform und „Christsein" im Sinne eines Lebens aus Glauben[58] zu unterscheiden,[59] ohne beides platonisierend auseinanderzureißen. Die lebenslange Einübung ins „Christsein" vollzieht sich in, mit und unter der Einübung ins Christsein als empirisch erschließbarer Lebensform. Die Thematisierung zwischen „christlich" und christlich gehört aber notwendigerweise zu jener Lebensform, deren vielfältige Ausprägungen Grethlein mit guten Gründen zum Gegenstand der Praktischen Theologie erklärt. Dass auf diese Weise die Wahrheitsfrage für die Lebensform Christsein essentiell ist, ist nicht etwa eine dogmatische Setzung, sondern eine empirische Beobachtung. Beantworten lässt sie sich aber auf empirischem Wege nicht.

---

58 Vgl. Wilfried Engemann, Kommunikation des Evangeliums. Anmerkungen zum Stellenwert einer Formel im Diskurs der Praktischen Theologie, in: Michael Domgsgen/Bernd Schröder (Hg.), Kommunikation des Evangeliums. Leitbegriff der Praktischen Theologie (APrTh 57), Leipzig 2014, 15–32, hier 28.

59 Vgl. Marxsen, „Christliche" und christliche Ethik (s. Anm. 50), 32: „Christlich ist lediglich ein Adjektiv, das der Beschreibung dient."

# Nachweise

1. Kapitel: Erstveröffentlichung in: Volker Leppin/Stefan Michels (Hg.), Reformation als Transformation. Studien zum Transformationsbegriff (SMHR 126), Tübingen 2022, 11–24.

2. Kapitel: Erstveröffentlichung in: Michael Beintker/Martin Heimbucher (Hg.), Verbindende Theologie. Perspektiven der Leuenberger Konkordie (Evangelische Impulse 5), Neukirchen-Vluyn 2014, 36–69 (erweiterte Fassung).

3. Kapitel: Erstveröffentlichung in: epd-Dokumentation 50-51/2023, 40–50. (erweiterte Fassung).

4. Kapitel: Ungarische Erstveröffentlichung unter dem Titel „A közéleti teológia mint a diaszpóra teológia formája", in: Studia (Debreceni teológiai tanulmányok) 14, 2022, H. 2, 9–24.

5. Kapitel: Vortrag im Rahmen der Tagung „Evangelische Publizistik – wohin? Fachgespräch über Auftrag, Aufstellung und Zukunft kirchlicher Medienarbeit, Evangelische Akademie Tutzing, 28.2.–1.3.2024.

6. Kapitel: Erstveröffentlichung in: Michael Domsgen/ Anna-Katharina/Marcel Saß/Bernd Schröder (Hg.), Morphologie und Topologie des Christ:in-Seins. Theologische, interdisziplinäre und interprofessionelle Erschließungen (FS Christian Grethlein), Leipzig 2024, 107–109.